DAS GRILLEN
&
DAS BARBECUE

GRILLFEST · REZEPTE
ZUM FEIERN UND GENIESSEN

DAS GRILLEN & DAS BARBECUE

GRILLFEST · REZEPTE ZUM FEIERN UND GENIESSEN

CECILIA NORMAN

XENOS

Deutsche
ISBN 3-8212-0871-6

Am Hehsel 40, 2000 Hamburg 63
Übersetzt aus dem Englischen von Luzia Czernich, Haimhausen
Einbandgestaltung: Künne & Künne Werbeagentur, Hamburg
Satz: Atelier Schümann GmbH., Hamburg
Printed in Yugoslavia

Die englische Originalausgabe erschien 1989 unter dem Titel:
»The Book of Grilling & Barbecues«
im Verlag Salamander Books Limited, 129-137 York Way, London N7 9LG

INHALT

EINFÜHRUNG

Was könnte entspannender sein, als an einem lauen Sommerabend auf der Terrasse oder im Garten zu essen? Wenn die Dämmerung hereinbricht, scheint die graue Asche im Grill rot glühend zu werden. Der Duft der gegrillten Speisen und der aufsteigende Rauch regt die Geschmacksnerven an und macht enormen Appetit. Mit einem Glas Wein oder Bier oder einem kühlen Longdrink schmecken die saftigen Steaks, knusprig-braunen Bratwürstchen und leckeren Hähnchenkeulen viel, viel besser als im Haus.

Gegrillte Speisen kann man unter den alltäglichen Speisen hervorheben und mit ein wenig zusätzlichem Aufwand phantasievolle, ungewöhnliche Gerichte kreieren. Dieses Buch will Ihnen dabei helfen. Ganze Flundern, gefüllt und mit einem Bett aus Lorbeer- und Weinblättern gegrillt; in einem geschlossenen Grill auf Hickoryzweigen geräuchertes Hähnchen; traditionelle Souvlakia aus Griechenland; Ente in Apfelschnaps, Forelle in Safran – das sind nur einige der verlockenden Grillvorschläge.

Die Rezeptauswahl reicht von Fischen und Meeresfrüchten, Fleisch und Geflügel bis hin zu einer Vielzahl von Gemüsegerichten wie Hot Hot Aloo und süß-saure Auberginen. Sie finden auch viele Rezeptideen für Salate, Saucen und Dips. Und auch das »große Finale« kommt nicht zu kurz. Das Dessertangebot ist äußerst üppig – wie wäre es mit tropischen Früchten vom Grill oder Kakifrüchten mit Rum und Rosinen?

Man kann das ganze Jahr über grillen, im Winter zum Beispiel in einer Garage. Eine gute Belüftung ist dabei die Voraussetzung. Mit elektrischen Grillgeräten, die im Haus betrieben werden können, vermeiden Sie Schmutz- und Rauchbelästigung.

Grillen ist eine angenehme Freizeitbeschäftigung für jedermann und ideal für ein zwangloses, geselliges Beisammensein. Ob Sie mit der Familie oder im Freundeskreis essen wollen oder einen romantischen Abend zu zweit mit köstlichen Grillgerichten planen – genießen Sie den unvergleichlichen Geschmack, den diese Zubereitungsart mit sich bringt. Die passenden Rezepte finden Sie mit Sicherheit in diesem Buch.

AUSRÜSTUNG

Es gibt eine Reihe ganz unterschiedlicher Grillgeräte auf dem Markt. Bevor Sie sich für ein bestimmtes Gerät entscheiden, sollten Sie überlegen, welches für Sie wirklich geeignet ist.

Fester Gartengrill

Dieser ist aus Stein gebaut. Man kann eigenes Material verwenden oder einen fertigen Bausatz kaufen. Es werden nur drei Wände und ein Rost für die Glut benötigt. Überlegen Sie gut, ob in Ihrem Garten wirklich genug Platz für solch ein »Bauwerk« ist. Wegen der Brandgefahr darf der Grill nicht zu nahe am Haus stehen. Es sollte aber genug Platz sein, damit man gesellig darum herum sitzen kann. Wenn Sie häufig grillen, ist dieser Grill ideal. Man kann ihn beliebig groß bauen. Wenn er sehr groß ist, benötigen Sie natürlich viel Brennmaterial. Bei kleinen Essensmengen ist das meistens Energieverschwendung. Als Energiequelle dient Holzkohle in Stücken oder als Briketts. Letztere brennen langsamer, erzeugen aber eine gleichmäßigere Hitze.

Transportable Holzkohlengrills

Die billigsten Grillgeräte kosten letztlich nicht mehr als eine kleine Mahlzeit für zwei Personen an einer Imbißbude. Sie sehen aus wie eine Metallschüssel auf Füßen, haben weder Belüftung noch Deckel, sind aber einfach in der Handhabung. Damit die Kohlen schneller brennen, bastelt man aus Alufolie und einem Kleiderbügel aus Draht eine »Haube«. Dadurch erhält man höhere Temperaturen. Der Kleiderbügel darf nur mit der Zange angefaßt werden, denn er wird sehr heiß!

Der Kugelgrill hat einen Deckel und ist für alle Arten von Grillgut verwendbar. Man kann ihn schnell in einen geschlossenen Garraum verwandeln, um ganze Bratenstücke darin zuzubereiten. Ein Deckel hat mehrere Vorteile. Er schützt das Grillgut bei plötzlichem Regen und verhindert Fettspritzer und Rauchschwaden.

Gasgrills enthalten Lavasteine, die in der Gasflamme heiß werden. Sie absorbieren den Bratensaft und erzeugen so das Aroma. Diese Grillgeräte lassen sich problemlos entzünden und liefern eine gleichmäßige Hitze. Wenn das Gerät zwei Schalter besitzt, kann durchaus auf einer Seite eine starke und auf der anderen Seite eine mittlere Hitze gehalten werden. Gasgrills sind zwar ausgeklügelte Geräte, aber sie besitzen alle diese sperrigen, lästigen Gasflaschen. Der Vorteil dieser Geräte überwiegt jedoch, da man mit ihnen das ganze Jahr über grillen kann. Bei arktischen Temperaturen benötigt man Propangas, ansonsten wird meist Butangas verwendet.

Elektrogrills arbeiten nach dem gleichen Prinzip wie Gasgrills. Auch hier werden Lavasteine erhitzt, die dann eine gleichmäßige Wärme abgeben. Das Aufheizen dauert etwa zehn Minuten. Elektrogrills sind meist offen. Sie dürfen bei Regen nicht in Betrieb genommen werden. Manche Grilltypen eignen sich auch zur Benutzung in geschlossenen Räumen.

Räuchergeräte

Die meisten dieser Spezialgeräte kann man zum Kalt- und Warmräuchern verwenden. Sie sind aber ziemlich teuer und außerdem schwer zu bekommen. Räuchern kann man jedoch auch in einem geschlossenen Grill. Stellen Sie einfach einen Behälter mit Wasser zwischen Grillkohle und Grillgut. Die Rauch-Dampf-Wolke durchdringt dann die Speisen. Das Räuchern ist ein langsames Verfahren und dauert mehrere Stunden.

Zubehör

Das Zubehör ist beim Grillen sehr hilfreich, die Anschaffung lohnt sich auf jeden Fall. Von Nutzen sind ein Holzblock oder Tisch für Bestecke und Speisen, langstieliges Grillbesteck wie Grillzangen und -gabeln (normales Besteck hat zu kurze Stiele, daher kann man sich leicht verbrennen), verschiedene Drahtkörbe, einen rechteckigen Grillwender und fischförmige Körbchen. Weitere Zubehörteile sind ein Pinsel zum Bestreichen des Grillguts, ein Drehspieß (nicht unbedingt mit Motor, er sollte aber stabil am Grill zu befestigen sein), Spieße – entweder viereckig oder eingekerbt, sonst rutscht das Grillgut vom Spieß –, viel Alufolie und Grillhandschuhe.

Mit fischförmigen Drahtkörbchen lassen sich ganze Fische grillen. Man kann sie damit wenden, ohne daß sie zerfallen.

Eckige Grillwender sind ideal für Bratenscheiben oder Gemüse, das in Scheiben gegrillt werden soll.

Fleisch, Fisch, Gemüse oder Obst in Stücken grillt man am besten an gerillten, eingekerbten oder eckigen Spießen.

Holzkohle kann man auf verschiedene Arten entzünden. Hierfür sind die unterschiedlichsten Grillanzünder erhältlich. Verwenden Sie keinesfalls Paraffin oder Petroleum. Das ist sehr gefährlich. Außerdem beeinträchtigt es den Geschmack des Grillgutes. Um diesem mehr Aroma zu verleihen, kann man kleine Stückchen Hickoryholz - das Holz des Pecanußbaumes - in die Glut legen. Wenn man es zuvor einweicht, entwickelt es mehr Rauch, zischt dann aber auch. Kiefernholz verströmt ebenfalls einen angenehmen Geruch. Trockenkräuter, die in die Glut gestreut werden, verleihen dem Grillgut ein intensives Aroma. Wenn Sie Gewürz- oder Kräuteröle besitzen, dann geben Sie ein paar Tropfen davon in die Glut.

Bevor Sie die Holzkohle anzünden, sollten Sie sich vergewissern, ob der Grill richtig steht, denn einen heißen Grill kann man schlecht von seinem Platz rücken. Grillkohle anzünden ist keine Kunst. Man verteilt zunächst eine Lage Kohlen auf dem Grillboden, häuft sie etwas auf und schiebt Kohleanzünder hinein. Mit einer Kerze - besser als mit Streichhölzern - anzünden. Sobald die Kohlen brennen, kann man sie auseinanderbreiten und weitere darauf verteilen.

Man sollte nun etwa 30 bis 40 Minuten warten. Dann ist die Holzkohle so heiß, daß mit dem Grillen begonnen werden kann. Es sollten keine Flammen mehr züngeln, und die Kohle muß von weißer Asche bedeckt sein. (Lavasteine dagegen sind bereits nach ein paar Minuten heiß genug.) Holzkohle glüht bis zu eineinhalb Stunden. Gelegentlich sollten Sie am Rand ein paar Kohlen nachlegen.

Grillen kann man - je nach Grillgut - bei niedriger, mittlerer und hoher Temperatur. Bei Gas- und Elektrogrills ist die Temperatur leicht zu regeln. Bei glühender Holzkohle ist es schwieriger, wenn man kein verstellbares Kohlebecken besitzt. So kann man die Temperatur testen: die Hand ein paar Zentimeter über die Kohlen halten; erträgt man es fünf Sekunden, ist die Hitze schwach, bei drei bis vier Sekunden ist sie mittel, bei zwei Sekunden ist sie sehr stark.

Die richtige Entfernung des Grillguts von den Kohlen beträgt fünf bis sieben-einhalb Zentimeter. Bei einem geschlossenen Grill - beispielsweise einem Kugelgrill - ist die Hitze größer als bei einem offenen. Wenn Sie bei mittlerer Hitze grillen wollen, die Kohlen aber zu heiß sind, legen Sie das Grillgut entweder von der Mitte zur Seite des Grillrostes oder schieben Sie die Kohlen auseinander, um die Hitze zu verteilen. Soll die Glut heißer werden: die Asche wegrütteln, die Kohlen zusammenschieben und vorsichtig hineinblasen. Man kann dazu auch einen Fön verwenden. Wenn man nach dem Grillen die Kohlen auseinanderschiebt, erlöschen sie schneller. Sind sie erkaltet, die Asche abschütteln, und die Kohlen bis zum nächsten Grillen zudecken.

Grillen in Alufolie
Man wickelt Grillgut in Folie, um zu verhindern, daß die äußere Schicht verbrennt, während das Innere noch roh ist, und um den Bratensaft aufzufangen. Speisen, die etwas bräunen sollen, nur locker einwickeln. Ansonsten feste »Päckchen« machen.

Grillen in der Holzkohle
Das Grillgut wird fest in Alufolie gewickelt und direkt in die glühende Kohle gelegt. In bestimmten Fällen kann man es sogar ohne Verpackung in die Glut geben.

Grillen am Drehspieß
Diese Methode wird meist bei großen Bratenstücken angewandt, die ständig gedreht werden müssen. Mit einem Drehspieß erzielt man die besten Resultate. Auch mit einem Drahtkorb oder einem Grillgitter kann man solche Stücke grillen. Man muß jedoch darauf achten, daß sie gleichmäßig gewendet werden. Fleisch und Geflügel müssen an dem Spieß immer gut befestigt werden. Das Grillgut sollte auch gleichmäßig an dem Spieß verteilt werden. Einzelne Stücke schiebt man in die Mitte, zwei oder mehr Stücke steckt man in gleichem Abstand zur Glut.

Spieße
Die meisten Gerichte, die an Spießen gegrillt werden, legt man zuvor in eine Marinade. Während des Grillens das Grillgut mit Öl oder Marinade bestreichen und

die Spieße immer wieder drehen. Holzgriffe werden nicht so heiß wie Metallgriffe. Die Spieße sollten so lang sein, daß sie über die ganze Grillfläche reichen. Holzgriffe darf man nie über die Glut halten, sonst verkohlen sie. Es empfiehlt sich, die Spieße vor der Verwendung immer einzuölen. Bambusspießchen müssen vor Gebrauch eine Stunde lang gewässert werden, da sie sonst verbrennen. Das Grillgut wird auf Spießen serviert oder mit einer Gabel auf dem Teller abgestreift.

Räuchern
Hier gibt es zwei Methoden. Für die erste wird kein Wasser benötigt. Sie wird meist bei der Zubereitung von Fisch angewandt. Der Fisch wird zunächst in Salzwasser eingelegt, anschließend läßt man ihn auf einem Gitter trocknen und gart ihn dann bei schwacher Hitze in einem geschlossenen Grill. Geflügel wird häufiger über Wasser geräuchert. Man stellt ein Wasserbecken über die Kohlen und unter das Fleisch. Das Grillgerät muß zu verschließen sein.

Grillen
Alle Grillgerichte eignen sich zur Zubereitung über dem offenen Feuer. Die Tabelle auf dieser Seite gibt die Grillzeiten für verschiedene Fleischsorten an. Fast alle Gerichte lassen sich aber auch in der Küche im Elektrogrill zubereiten, wenn die Witterung das Grillen im Freien unmöglich macht. Der typische »Grillgeschmack« wird dann aber fehlen.

Braten
Eine schwere Pfanne kann man auf dem Grill genauso verwenden wie auf dem normalen Herd. Sie wird nur eingefettet. Das fertige »Produkt« ist ein Mittelding aus Garen auf dem Grill und Kurzbraten in der Pfanne. Brät das Fleisch zu schnell, so zieht man die Pfanne einfach an den Rand der Grillfläche. Für diese Art der Zubereitung müssen die Kohlen sehr heiß sein.

Schmoren
Schmoren kann man nur in einem geschlossenen Grill. Der Unterschied zwischen Schmoren und Grillen besteht darin, daß die Stücke beim Schmoren viel dicker sind. Wenn man sie nicht zudeckt, geht viel Hitze verloren und die Oberseite bleibt kühl, während die Unterseite nahe der Hitzequelle rasch gar ist. Schmorstücke müssen deshalb immer zugedeckt und ständig gewendet werden.

Garzeiten
Sehen Sie die in den Rezepten angegebenen Zeiten nur als Richtlinien an. Abweichungen gibt es immer, bedingt durch die Dicke des Grillguts, der Kohlensorte und so weiter. Aber das ist eben das Besondere am Grillen - es ist keine Wissschaft, sondern läßt dem »Grillmeister« viel Spielraum, seine persönlichen Vorstellungen zu verwirklichen.

GRILLANLEITUNG FÜR FLEISCH UND GEFLÜGEL

		GRILLZEIT	*GRILLTEMPERATUR*
KOTELETTS	LAMMKOTELETTS SCHWEINEKOTELETTS SPARERIBS	15 MINUTEN 30-40 MINUTEN 1 STUNDE	MITTEL MITTEL NIEDRIG
STEAKS	ROSA MEDIUM DURCHGEBRATEN	6- 8 MINUTEN 12-14 MINUTEN 16-20 MINUTEN	HOCH HOCH HOCH
BRATEN	RIND LAMM SCHWEIN	2- 3 STUNDEN 2 1/2-3 1/2 STUNDEN 20 MINUTEN PRO 500 G	NIEDRIG NIEDRIG NIEDRIG
BURGERS	DÜNN DICK	8-10 MINUTEN 12-15 MINUTEN	HOCH MITTEL
WÜRSTE	RINDSBRATWÜRSTE SCHWEINSBRATWÜRSTE FRANKFURTER COCKTAILWÜRSTCHEN	10-15 MINUTEN 15-20 MINUTEN 5-10 MINUTEN 4- 6 MINUTEN	MITTEL MITTEL MITTEL MITTEL
GEFLÜGEL	GANZES HÜHNCHEN HÄHNCHENVIERTEL HÄHNCHENKEULEN	20-30 MINUTEN PRO 500 G 20-30 MINUTEN 20-25 MINUTEN	MITTEL MITTEL MITTEL

MARINADEN UND GLASUREN

TOMATENGLASUR

1 große rote Paprikaschote, entkernt, fein gehackt
500 g Tomaten, enthäutet und gehackt
1 kleine Zwiebel, fein gehackt
1 Knoblauchzehe, fein gehackt
155 ml trockener Weißwein
1 großer Rosmarinzweig
2 EL Sonnenblumenöl
Salz und Pfeffer

Die ersten 6 Zutaten in einen Topf füllen. Köcheln lassen, bis die Flüssigkeit dick wird. Pürieren, Öl dazugeben und würzen.

COGNACMARINADE

4 EL Cognac
155 ml trockener Weißwein
2 EL Olivenöl
60 g Champignons, in dünnen Scheiben
2 Schalotten, fein gehackt
1 TL frische Thymianblätter
4 Lorbeerblätter
1 kleine Knoblauchzehe, zerdrückt
10 Pfefferkörner, zerstoßen
1 TL Salz

Die Zutaten in einem geschlossenen Gefäß vermischen. 24 Stunden ziehen lassen. Abgießen.

SÜSS-SAURE MARINADE

Geriebene Schale und Saft einer Orange
155 ml heller Honig
155 ml Rotweinessig
3 EL Sojasauce
3 EL Worcestersoße
1 EL Sesamöl

Alle Zutaten in einem Topf mischen. Zum Kochen bringen. 5 Minuten offen köcheln lassen, bis die Marinade um etwa ein Drittel reduziert ist.

WARME GEWÜRZGLASUR

75 g (plus 3 TL) brauner Zucker
2 EL Rotweinessig
1/4 TL gemahlene Gewürznelken
1/4 TL Senfpulver
1 1/2 TL gemahlenes Allgewürz
3 TL Speisestärke
1 kleiner Apfel, geschält, entkernt, fein gehackt

Alle Zutaten in einen Topf füllen und 220 ml Wasser dazugießen. Zum Kochen bringen und unter Rühren 5 Minuten köcheln lassen, bis die Flüssigkeit dick wird.

FEURIGE CHILIGLASUR

30 g Rohrzucker
155 ml Tomatenketchup
185 ml Apfelessig
2 EL Worcestersoße
2 TL Chilipulver
1/4 Zwiebel, fein gehackt

Zucker und 155 ml Wasser in einen schweren Topf füllen. Rühren, bis der Zucker aufgelöst ist. Die restlichen Zutaten hinzufügen und zum Kochen bringen. Köcheln lassen, bis die Flüssigkeit um ein Drittel reduziert ist.

ZITRUSMARINADE

Geriebene Schale und Saft von 4 Limonen
Geriebene Schale und Saft einer Zitrone
2 TL Salz
6 EL Sonnenblumenöl
12 weiße Pfefferkörner, zerstoßen

Alle Zutaten in einer Schüssel mischen. Zudecken und 8 Stunden oder über Nacht ziehen lassen. Vor Gebrauch durchseihen.

Hinweis: Alle hier angegebenen Rezepte ergeben eine Menge von 315 ml.

GANZE LORBEERFLUNDER

4 Flundern oder Schollen à 500 g

FÜLLUNG: 90 g Semmelbrösel
60 g Butter, geschmolzen
2 TL Zitronensaft
1 TL geriebene Zitronenschale
2 TL frische, gehackte Petersilie
Salz und Pfeffer
30 g gekochte, geschälte Garnelen (aufgetaut, falls tiefgekühlt), fein gehackt
1 Ei, geschlagen
20 Lorbeerblätter
Olivenöl
16-20 Weinblätter, eingeweicht, abgetropft
2 Zitronen und Petersilienzweige zum Garnieren

Die Fische putzen und die Köpfe entfernen. Durch die weiße Haut einen Einschnitt zum Rückgrat machen, so daß eine Tasche entsteht. Das Fleisch vom Knochen abheben. Semmelbrösel, Butter, Zitronensaft und -schale, Petersilie, Salz und Pfeffer, Garnelen und Ei vermengen. In die Taschen füllen und 3-4 Lorbeerblätter auf die Füllung legen. Die Fische überall mit Öl bestreichen.

Rechteckige Grillwender mit eingeölten Weinblättern belegen. Die restlichen Lorbeerblätter darauf verteilen und die Fische dazwischenlegen. Bei mittlerer Hitze 10-15 Minuten von jeder Seite grillen, bis die Fische gar sind. Gelegentlich mit Öl bestreichen. Die Fische aus den Körbchen nehmen und die verkohlten Blätter wegwerfen. Mit Zitronenscheiben (am Rand schön eingeschnitten) und Petersilienzweigen garnieren und die Fische sofort servieren.

Für 4 Personen

ROTBARBE MIT FENCHEL

4 Rotbarben à 250 g
Fenchelblätter zum Garnieren

MARINADE: 4 EL Salatöl
1 TL Zitronensaft
1 TL Fenchelsamen
1/4 TL Meersalz
1/4 TL Pfeffer

Die Zutaten für die Marinade in eine große flache Schüssel füllen.

Die Fische schuppen, Kiemen und Flossen entfernen. Innen ausspülen, aber die Leber nicht entfernen. Die Fische abwaschen, abtropfen lassen und mit Küchenkrepp abtrocknen. Die Haut auf beiden Seiten zweimal einschneiden. Die Fische in die Marinade legen und mindestens 1 Stunde ziehen lassen. Gelegentlich bestreichen.

Die Fische abtropfen lassen und auf den Grill legen. Die Kohlen müssen ganz heiß sein. 6–8 Minuten grillen und gelegentlich mit Marinade bestreichen, damit die Haut schön braun wird. Mit Fenchelblättern garnieren.

Für 4 Personen

Hinweis: Damit der Fisch schneller gar wird, mit einem eingeölten Blech bedecken.

»LOUISIANA-ENGEL«

9 Streifen durchwachsener Bauchspeck, ohne Schwarte
18 Champignons
125 g Butter
2 EL Zitronensaft
3 EL gehackte, frische Petersilie
1 Prise Cayennepfeffer
18 frische Austern, aus der Schale gelöst
Speisestärke zum Bestreuen
6 Scheiben Toast, in Streifen

Die Speckstreifen mit dem Messerrücken glattstreifen. In der Mitte durchschneiden. Anbraten, bis das Fett glasig aussieht, aber noch weich ist. Abtropfen lassen, zur Seite legen.

Die Pilze 1 Minute in einem Topf mit sprudelndem Wasser kochen. Abtropfen lassen. Die Butter in einer Pfanne erhitzen, vom Herd nehmen und Zitronensaft, Petersilie und Cayennepfeffer einrühren. Warm halten. Die Austern mit Stärkemehl bestreuen und mit Speck umwickeln. Abwechselnd mit den Champignons auf 4–6 Spieße stecken.

Die Spieße großzügig mit Butter bestreichen. 3–5 Minuten bei mittlerer Hitze grillen, bis die Austern braun sind. Nicht zu lange grillen, sonst werden die Austern zäh. Von den Spießen ablösen und entweder in den Schalen oder auf Toaststreifen (auf dem Grill wieder aufgewärmt) anrichten. Die restliche Butter darauf verteilen.

Für 6 Personen

INGWERSCAMPI

750 g Garnelenschwänze (siehe Hinweis), groß
Majoranzweige und Zitronenscheiben zum Garnieren

MARINADE: 155 ml Salatöl
Fein geriebene Schale und Saft einer kleinen Zitrone
6 EL Sojasauce
1 Knoblauchzehe, zerdrückt
1 TL fein geriebene, frische Ingwerwurzel
1/2 TL getrockneter Majoran

Die Zutaten für die Marinade vermischen.

Die Garnelenschwänze waschen. (Bei ungeschälten Garnelen den Panzer intakt lassen.) Mit der Marinade mischen und an einem kühlen Platz 2 Stunden ziehen lassen. Gelegentlich bestreichen.

Auf Spieße stecken und bei großer Hitze 7-10 Minuten grillen, bis das Fleisch der Garnelen glasig aussieht. Immer wieder umdrehen. Von den Spießen abziehen, mit Majoranzweigen und Zitronenscheiben garnieren und sofort servieren.

Für 6 Personen

Hinweis: Meist bekommt man tiefgekühlte, geschälte, rohe Garnelenschwänze. Diese sollen vor dem Grillen aufgetaut sein.

GEGRILLTER HUMMER

2 frisch gekochte Hummer, je 1 kg
125 g Butter, weich
2 TL Zitronensaft
Salz und Pfeffer
Zitronenschnitze und Petersilie zum Garnieren.

Die Hummer auf ein Brett legen und mit einem scharfen Messer in der Mitte, von oben bis zum Schwanz, durchschneiden. Die Scheren aufknacken. Kiemen und den grauen Sack am Kopfende entfernen, desgleichen den schwarzen Darm.

Corail (Rogen) entfernen und in die Hälfte der Butter einrühren. Beiseite stellen. Die restliche Butter erhitzen. Das Hummerfleisch mit Zitronensaft beträufeln, leicht salzen und pfeffern. Großzügig mit geschmolzener Butter bestreichen.

Die Hummer, offene Seite nach oben, 5–10 Minuten grillen (mittlere Hitze). Wenden und 3–4 Minuten grillen, bis das Hummerfleisch leicht gebräunt ist. Mit der Butter bestreichen. Mit Zitronenschnitzen und Petersilienzweigen garnieren.

Für 4 Personen

GEGRILLTER LACHS

5 Lachskoteletts, à 185 g, 2 cm dick
Salz und Pfeffer
Mehl
125 g Butter
1-2 EL getrocknetes Bohnenkraut, angefeuchtet, oder eine Handvoll frisches
6 TL Kaviarersatz
Bohnenkraut oder Estragon zum Garnieren

Den Lachs abwaschen und mit Küchenkrepp trockentupfen. Mit Salz und Pfeffer würzen. In das Mehl tauchen.

Die Butter schmelzen und den Lachs damit bestreichen. Die Stücke in einen rechteckigen Grillkorb geben. Das Bohnenkraut auf die glühende Holzkohle streuen.

Den Lachs über den sehr heißen Kohlen 4-5 Minuten von beiden Seiten grillen. Gelegentlich mit der flüssigen Butter bestreichen. Werden die Stücke zu rasch braun, die Hitze etwas reduzieren oder den Fisch an den Rand der Grillfläche schieben. Die Koteletts sind gar, wenn sich das Rückgrat leicht bewegen läßt. Mit Kaviarersatz und Bohnenkraut oder Estragon garnieren und servieren.

Für 6 Personen

— JAKOBSMUSCHELN MIT TINDOORIS —

1 kg frische oder gefrorene (aufgetaute) Jakobsmuscheln
12 Tindooris (siehe Hinweis)
155 ml Olivenöl
1 EL Zitronensaft
1 EL Limonensaft
1/4 TL Zitronenpfeffer
1/4 TL Zwiebelsalz
Zitronen- und Limonenscheiben zum Garnieren

Dunkle Därme entfernen, die Muscheln waschen und trockentupfen. Tindooris waschen und der Länge nach halbieren. In einen Topf mit sprudelndem Wasser geben und 1 Minute kochen lassen. Abtropfen und abkühlen lassen.

Die restlichen Zutaten (bis auf die Garnierung) in eine große Schüssel füllen. Die Muscheln in diese Mischung geben und 45-60 Minuten ziehen lassen. Gelegentlich umrühren. Die Tindooris hinzufügen und während der letzten 15 Minuten ebenfalls marinieren.

Muscheln und Tindooris abwechselnd auf eingeölte Spieße stecken. 5-10 Minuten bei mittlerer Hitze grillen. Oft mit Marinade bestreichen. Wenn die Jakobsmuscheln glasig trüb aussehen, sind sie gar.

Für 6-8 Personen

Hinweis: Tindooris sind etwa so groß wie Gürkchen und in der Struktur wie Zucchini. Man bekommt sie in asiatischen Geschäften, manchmal auch in großen Supermärkten.

SCHWERTFISCH-KEBABS

1 kg Schwertfisch, ohne Haut und Gräten
Saft von 2 Zitronen
2 Zwiebeln, geschält
18 Cocktailtomaten
155 ml Olivenöl
1/2 TL Knoblauchsalz
1/2 TL Pfeffer
6-8 EL fein gehackter, frischer Schnittlauch
6-8 EL fein gehackte, frische Petersilie
Zitronenscheiben und Petersilienzweige zum Garnieren

Den Fisch in 4 cm große Würfel schneiden und in der Hälfte des Zitronensafts 1 Stunde marinieren. Einmal wenden.

Die Zwiebeln halbieren und das Innere entfernen. Die Schichten trennen und jede in zwei Hälften schneiden. Zu einer Tüte formen. Abwechselnd Fisch, Zwiebeln und Tomaten auf Spieße stecken. Öl, Knoblauchsalz, Pfeffer und restlichen Zitronensaft verrühren und die Spieße damit bestreichen.

Auf dem Grill bei mittlerer Hitze 10-15 Minuten garen. Immer wieder mit Öl bestreichen und wenden. Schnittlauch und Petersilie mischen und auf ein Brett streuen. Die heißen Spieße vor dem Servieren darin rollen. Mit Zitronenscheiben und Petersilie garnieren.

Für 6 Personen

– MAKRELEN UND RHABARBERSAUCE –

6 frische Makrelen
Salz und Pfeffer
Salatöl zum Bestreichen

SAUCE: 250 g geputzter Rhabarber
1 TL Zitronensaft
4 EL süßer Cidre
3 EL brauner Zucker
1/4 TL geriebene Muskatnuß

Die Makrelen putzen und ausnehmen, die Köpfe entfernen. Die Fische innen salzen und pfeffern, innen und außen mit Öl bestreichen.

Aus doppelter Alufolie lange Streifen falten und einen Streifen um das Kopfende und einen um die Mitte jeder Makrele schlingen. Die Enden zu Schlaufen biegen, damit man die heißen Fische gut halten kann.

In einem schweren Topf die Saucenzutaten mischen. Zudecken und vorsichtig kochen, bis der Rhabarber weich ist. In einem Mixer pürieren und wieder in den Topf füllen. Zudecken und heiß halten. Die Makrelen auf mittlerer Hitze 7-10 Minuten von jeder Seite grillen. (Einstechen. Wenn der Saft klar herausfließt, ist der Fisch gar.) An den Schlaufen vom Grill nehmen und mit der heißen Sauce servieren.

Für 6 Personen

FORELLE MIT GRAPEFRUIT

6 kleine Forellen
4 rosa Grapefruit
600 ml trockener Weißwein
4 Frühlingszwiebeln, in dünnen Scheiben
16 schwarze Pfefferkörner, leicht zerstoßen
2 EL Crème double
90 g Butter
Salz

Die Fische putzen und ausnehmen. Die Köpfe nach Wunsch entfernen. Jeden Fisch auf eine doppelte, eingeölte Alufolie legen.

Die Schale einer Grapefruit dünn abziehen und in Streifchen schneiden. In einen Topf geben, mit kaltem Wasser bedecken und zum Kochen bringen. 3–4 Minuten weichkochen. Abtropfen lassen und beiseite stellen. Das Fruchtfleisch der Grapefruit in Segmente schneiden. Alle Häutchen und Kerne entfernen. Beiseite stellen. Die Schale der anderen 3 Grapefruit abreiben, den Saft auspressen. Beides in einen Topf geben, Wein, Frühlingszwiebeln und Pfefferkörner dazugeben. 10–15 Minuten köcheln lassen, bis etwa 155 ml Flüssigkeit übrig sind.

Vom Herd nehmen und Crème und Butter einrühren. Rühren, bis die Butter schmilzt. In einen Krug seihen. Salzen, pfeffern und die Schale hinzugeben. Etwas Sauce über jeden Fisch gießen. Die Folien zufalten. Oben eine Öffnung (2,5 cm) als Dampfabzug lassen. 20 Minuten sehr heiß grillen. Zum Servieren die Folienpäckchen öffnen, zusätzlich Sauce über die Forellen gießen. Mit den Grapefruitsegmenten garnieren.

Für 4 Personen

— MEDITERRANE RIESENGARNELEN —

Saft einer großen Zitrone
Etwa 155 ml Salatöl
18 rohe Riesengarnelen,
frisch oder gefroren (aufgetaut)
2 Zitronen und 1/4 Gurke zum Garnieren

Garnierung: Das Mittelstück der Zitrone in dünne Scheibchen schneiden. Aus der Gurkenschale in gleichmäßigen Abständen Längsstreifen ausschneiden. Die Gurke in dünne Scheiben schneiden. Gurken- und Zitronenscheiben übereinanderlegen, umbiegen und gemeinsam auf Spieße stecken.

Den Zitronensaft in eine flache Schüssel füllen. Jeweils 2-3 Garnelen auf einmal in den Saft tauchen, abtropfen lassen und in das Öl tauchen.

Die Garnelen 10-12 Minuten auf dem heißen Grill garen. Häufig mit Öl bestreichen. Mit Zitronen- und Gurkenspießchen garnieren. Fingerschalen bereitstellen.

Für 6 Personen

Hinweis: Kaufen Sie ganze, ungeschälfte Garnelen zum Grillen. Die grau-braune Farbe wird nach dem Grillen orange-pink.

TARAMA-SARDINEN

6 frische Sardinen
2 EL Zitronensaft
Pfeffer
3-4 TL Taramasalata
Petersilienzweige zum Garnieren

Die Sardinenköpfe abschneiden und wegwerfen. Mit einem kleinen Löffel das Innere der Fische säubern. Die Fische unter fließendem Wasser abschwaschen und mit Küchenkrepp trockentupfen.

Die Sardinen innen mit Zitronensaft bestreichen und mit Salz und Pfeffer würzen. Die Bauchhöhle mit Taramasalata füllen.

Die Sardinen in Grillkörbchen legen und 3–4 Minuten auf beiden Seiten bei großer Hitze grillen. Die Sardinen wie ein Rad auf einem Holzbrett anrichten. Mit Petersilienzweigen garnieren.

Für 6 Personen

Variante: Wenn Sie keine Sardinen bekommen, nehmen Sie kleine Forellen. Die Menge des Taramasalata verdoppeln.

FORELLE IN SAFRANFUMET

6 kleine Regenbogenforellen
6 Pfefferkörner
1/2 Stange Sellerie, grob gehackt
1 Petersilienzweig
1 Lorbeerblatt
1 Thymianzweig
3 dicke Scheiben Karotte
1 Schalotte, grob gehackt
1/4 TL Salz
2 EL Weißweinessig
125 ml trockener Weißwein
1/2 TL Safran (ersatzweise Gelbwurz)
60-90 g Butter
Sellerieblätter zum Garnieren

Fischköpfe und -schwänze entfernen; aufheben. Die Fische am Bauch aufschlitzen und aufklappen. Mit der Schuppenseite nach oben auf eine Arbeitsfläche legen. Mit dem Daumen entlang des Rückgrats nach unten drücken. Die Fische wenden und das Rückgrat ablösen. Rückgrat, Fischköpfe und -schwänze in einen großen Topf geben. 470 ml Wasser und alle Zutaten bis auf Safran, Butter und Sellerieblätter hinzufügen. Zum Kochen bringen und den Schaum abschöpfen. Hitze reduzieren, zudecken und 30 Minuten köcheln lassen.

Die Flüssigkeit durch ein feines Nylonsieb gießen. Wieder in den Topf füllen und Safran dazugeben. Offen kochen lassen. Auf 185 ml reduzieren. Abkühlen lassen. Die Forellen, offene Seite nach unten, in eine große, flache Schüssel legen. Die Marinade über den Fisch gießen. 30 Minuten ziehen lassen. Die Fische herausnehmen, mit geschmolzener Butter bestreichen und in rechteckigen Grillkörbchen 2-3 Minuten über sehr heißen Kohlen grillen.

Für 6 Personen

GERÄUCHERTE BRASSE

2 Brassen, je 500-700 g
125 g Meersalz
2 Handvoll Hickoryspäne
Olivenöl

Die Fische putzen und ausnehmen. In eine große, flache Glas- oder Plastikschüssel legen. Das Salz in 1 l kaltem Wasser auflösen. Über die Fische gießen und mindestens 30 Minuten stehen lassen.

Den Fisch gut abtropfen lassen. Auf ein Gitter legen und an einem luftigen Ort etwa 2 1/2 Stunden trocknen lassen. Der Fisch muß sich ganz trocken anfühlen. Inzwischen die Hickoryspäne in Wasser einweichen. In einem geschlossenen Grillgerät die Holzkohlen anzünden und auf eine Seite schieben (der Fisch darf nicht direkt über die Kohlen gelegt werden). Abwarten, bis die Kohlen zu Asche verglüht sind, dann die eingeweichten Späne dazugeben.

Die Fische gut mit Öl bestreichen und auf den Grill legen (neben die Kohlen). Den Grill schließen. Die Fische 30-45 Minuten räuchern, bis das Fleisch sich lösen läßt. Einmal wenden.

Für 4-6 Personen

Hinweis: Zu diesem Rezept paßt Fenchelsalat besonders gut (siehe Seite 114).

Variante: Man kann auch andere Fischsorten auf diese Weise zubereiten.

HEILBUTTSTEAKS MIT DILL

4-6 Zweige frischer Dill
8 EL Mayonnaise
Salz und Pfeffer
4 Heilbuttsteaks, etwa 2,5 cm dick
4-6 EL gelbes Maismehl
Frischer Dill zum Garnieren

Die fedrigen Dillblättchen von den Stielen streifen. Mit Mayonnaise und etwas Salz und Pfeffer verrühren.

Die Fischsteaks auf beiden Seiten mit Mayonnaise bestreichen, dann in das Maismehl tauchen, bis sie schön umhüllt sind.

Die Steaks 10-15 Minuten über sehr heißen Holzkohlen grillen. Einmal wenden. Der Fisch ist gar, wenn das Fleisch milchig trüb aussieht und sich mit einem Messer zerpflücken läßt. Die Steaks sollten goldbraun aussehen. Sollten sie zu rasch bräunen, die Hitze reduzieren oder die Steaks an den Rand des Grills schieben. Mit frischem Dill garnieren.

Für 4-6 Personen

GEFÜLLTE FISCHKÜCHLEIN

750 g Weißfisch, durchgedreht
1 kleine Zwiebel, fein gehackt
4 EL Matzenmehl
1 EL gemahlene Mandeln
Salz und Pfeffer
1 Ei, geschlagen
125 g weißes und dunkles Garnelenfleisch, gemischt

ZUM PANIEREN: 2 Eier, geschlagen
30 g Matzenmehl
Sonnenblumenöl zum Bestreichen

In einer Schüssel Fisch, Zwiebel, Matzenmehl, Mandeln, Salz und Pfeffer vermengen.

Die Masse mit Ei binden. Falls nötig, noch mehr Matzenmehl dazugeben, bis der Teig geformt werden kann. In 16 Portionen aufteilen, zu Kugeln formen und mit der Hand flachdrücken. Die Arbeitsfläche mit Matzenmehl bestreuen. Mit einem kleinen Löffel Garnelenmasse in die Mitte setzen. Den Fischteig um die Füllung zu einer Kugel formen. Vorsichtig zu Fladen zusammendrücken.

Die Fladen in geschlagenes Ei und dann in Matzenmehl tauchen. Jeweils beide Seiten mit Sonnenblumenöl bestreichen. Über sehr heißen Holzkohlen 6-8 Minuten von beiden Seiten grillen. Mit Gurken-Raita (siehe Seite 105) servieren.

Für 6-8 Personen

HACKSTEAKS AUF BAUERNART

3 Eier
1/2 TL Pfeffer
1,5 kg frisches Rinderhackfleisch
4-6 EL fruchtige Sauce aus dem Glas
250 g Emmentaler
Eisbergsalat zum Garnieren

Die Eier in eine große Schüssel schlagen, pfeffern und mit dem Hackfleisch vermengen.

24 Fladen aus der Masse formen. 12 mit der Sauce bestreichen. Einen Rand freilassen, damit die Sauce nicht herunterläuft.

Den Käse in dünne Scheiben schneiden. Scheiben ausstechen, die etwas kleiner sind als die Fladen. Die Scheiben über die Sauce decken (Käseabschnitte darauf verteilen). Die 12 anderen Fladen darauf legen und die Ränder zusammenpressen. 8-10 Minuten auf dem heißen Grill von beiden Seiten ausbacken. Mit Salatblättern garnieren. Potters Red Relish dazu reichen (siehe Seite 106).

Ergibt 12 Stück

GEFÜLLTE FILETSTEAKS

4 Filetsteaks à 185 g
1 Kalbsschnitzel, 185 g
125 g Butter, weich
4 Knoblauchzehen, zerdrückt
1 TL getrocknetes Basilikum
Salz und Pfeffer

Die Steaks zwischen zwei Lagen Pergamentpapier auf 1 cm Dicke flachdrücken (Wellholz oder Flasche). Das Kalbsschnitzel ganz dünn klopfen und in 4 gleich große Stücke schneiden.

Jedes Steak horizontal einschneiden, daß eine Tasche entsteht. Butter, Knoblauch und Basilikum mischen, mit Salz und Pfeffer würzen. Die Hälfte der Buttermischung in den Taschen der Steaks verstreichen. In jedes Steak ein Kalbsschnitzel schieben.

Die restliche Buttermischung auf die Steaks streichen. Über den heißen Kohlen 2 Minuten von beiden Seiten grillen, daß der Bratensaft eingeschlossen wird. Die Steaks etwas zur Seite schieben und auf mittlerer Hitze weitere 6–8 Minuten pro Seite grillen. Mit knusprigen Kartoffelschalen (siehe Seite 112) und Brunnenkressesalat (siehe Seite 113) servieren.

Für 4 Personen

DÄNISCHE PASTETCHEN

185 g Schweinefilet
185 g gekochter Schinken
185 g dänische Salami, enthäutet
Petersilie oder Korianderzweige zum Garnieren

TEIG: 375 g Mehl
1 Prise Salz
1 TL Backpulver
60 g Fett
155 ml Milch

Fleisch, Schinken und Salami in einer Küchenmaschine zerkleinern und vermischen.

Mehl, Salz und Backpulver in eine Schüssel sieben. Das Fett einrühren. Mit der Milch zu einem weichen Teig kneten. 12 Kugeln aus dem Teig formen. Jede Kugel auf einer bemehlten Unterlage zu einem Fladen (12,5 cm) flachdrücken. Jeweils in die Mitte etwas Fleischfüllung geben. Die Teigränder anfeuchten und zusammenziehen. Gut verschließen. Die Kugeln mit der Hand etwas abflachen.

Doppelte Alufolienstücke einfetten und je ein Pastetchen, offene Kante nach unten, darauf legen. Mit der Hand etwas flach drücken. Die Folie verschließen. 10 Minuten (mittlere Hitze) grillen, die Folienpäckchen einmal wenden. (Mit einem spitzen Messer einstechen. Wenn kein Saft herausläuft, ist die Füllung gar.) Mit Petersilie oder Koriander garnieren.

Ergibt 12 Stück

PITTABURGERS

2 Eier, geschlagen
1 TL Kurkuma
1 TL Kreuzkümmel
1/4 TL Cayennepfeffer
2 Knoblauchzehen, sehr fein gehackt
1 kg mageres Rinderhackfleisch
125 g Semmelbrösel
8 entsteinte, grüne Oliven, gehackt
6 Pitta-Brote, halbiert
Salat und gefüllte, grüne Oliven, in Scheiben, zum Garnieren

In einer großen Schüssel die Eier mit Kurkuma, Kümmel und Cayennepfeffer schlagen. Knoblauch einrühren.

Fleisch, Semmelbrösel und gehackte Oliven in die Eimasse mischen. 12 Fladen daraus formen. Von beiden Seiten je 8-10 Minuten über sehr heißen Kohlen grillen.

Wenn die Fladen fast fertig sind, die Pitta-Brote an die Seite des Grillrostes legen. Die Schnittseite der Brote aufschlitzen und je einen Burger hineinschieben. Die Brote in Papierservietten wickeln, mit Salatblättern und Olivenscheiben garnieren.

Ergibt 12 Stück

RINDFLEISCH-SCHINKEN-SATÉ

375 g mageres Rindfleisch
375 g roher Schinkenspeck, in Streifen
1 Zwiebel, fein gehackt
Fein geriebene Schale und Saft von 2 Zitronen
4 EL gemahlener Koriander
2 EL gemahlener Kreuzkümmel
220 g Erdnußbutter
125 ml Erdnußöl
2 EL heller Honig
4 Zucchini
Frühlingszwiebelquasten zum Garnieren

Das Rindfleisch in 2,5 cm große Würfel schneiden. In eine flache Schüssel legen. Den Schinkenspeck längs halbieren.

Die Speckstreifen auf eine Arbeitsfläche legen und mit dem Messerrücken glattstreichen. Die Streifen zusammenrollen und zum Fleisch geben. Zwiebel, Zitronenschale und -saft, Koriander, Kümmel, Erdnußbutter, Öl und Honig verrühren. Über das Fleisch und den Speck gießen. Mindestens 1 Stunde marinieren. Gelegentlich bestreichen.

18 Bambusspieße 1 Stunde in Wasser einweichen. Zucchini schälen, längs halbieren und in 1 cm dicke Stücke schneiden. Abwechselnd Rindfleisch, Speckröllchen und Zucchinistücke auf die Spieße stecken. 20 Minuten über heißer Holzkohle grillen. Immer wieder drehen. Mit Frühlingszwiebeln garnieren. Gekochten Reis dazu servieren.

Ergibt 18 Stück

LAMM-KUMQUATS-KEBABS

2 große Orangen
625 g mageres Lammfleisch
125 g gekochter, runder Reis
8-10 frische Minzeblätter
Salz und Pfeffer
15 Kumquats, gewaschen, abgetrocknet, ohne Stiele
Olivenöl zum Bestreichen
Minzezweige zum Garnieren
SAUCE: 1 TL Pfeilwurz
1/4 TL süßes Paprikapulver
1 TL Ahornsirup
2 EL Cointreau

Die Orangen auspressen und den Saft mit Wasser auf 250 ml auffüllen.

Die Orangenschale dünn abziehen und mit einer Schere in Stücke schneiden. Das Lammfleisch in Würfel schneiden. In einem Mixer Lamm, Orangenschalen, Reis und Minze zu einer Paste verrühren. Salzen und pfeffern. Die Mischung in 20 Portionen aufteilen. Pro Spieß 4 Portionen und 3 Kumquats rechnen. Das Fleisch abwechselnd mit den Kumquats auf 5 Spießen befestigen.

Die Spieße über sehr heißen Kohlen 10-12 Minuten grillen. Immer wieder drehen und mit Öl bestreichen. Sauce: In einem kleinen Topf den Orangensaft mit Pfeilwurz mischen. Zum Kochen bringen und umrühren, bis die Sauce dick wird. Paprika, Ahornsirup und Cointreau einrühren. Die Spieße vor dem Servieren mit der Sauce übergießen. Mit Minzeblättern garnieren.

Für 5 Personen

SCHINKEN MIT PFLAUMENSAUCE

4 Scheiben geräucherter Schinken, je 155 g

SAUCE: 500 g Damaszener Pflaumen
4 EL heller Honig
4 EL Portwein
4 TL Sonnenblumenöl

Sauce: Die gewaschenen Pflaumen in einem schweren, halb zugedeckten Topf kochen, bis sie weich sind und zerfallen. Die Pflaumen durch ein Nylonsieb drücken. Schale und Steine wegwerfen.

Den Honig in eine Schüssel füllen und über einem heißen Wasserbad erwärmen. Portwein, Öl und Pflaumenmus mit dem Saft einrühren. Die Schüssel auf dem Wasserbad stehen lassen, während der Schinken gegrillt wird, damit der Honig flüssig bleibt.

Die Ränder der Schinkenscheiben einschneiden, damit sie sich nicht nach oben biegen. Den Schinken rasch mit der Sauce bestreichen und von beiden Seiten je 5 Minuten sehr heiß grillen. Immer wieder mit Sauce bestreichen.

Für 4 Personen

Hinweis: Mit der restlichen Sauce kann man Schinkenscheiben für »spätere Gäste« feucht halten.

— GARNIERTE SCHWEINEKOTELETTS —

3 Schalotten
1/2 kleine rote Paprikaschote
1/2 kleine grüne Paprikaschote
45 g Pistazienkerne
6 große Schweinekoteletts, 2,5 cm dick
2 EL Walnußöl
2 EL Zitronensaft
Salz und Pfeffer
12 kleine Perlzwiebeln, 3 Gewürzgurken, in dicken Scheiben, 6 Kirschen, entsteinte, zum Garnieren

Die Schalotten schälen und grob hacken. Die Paprikaschoten entkernen und fein hacken. Die Pistazienkerne halbieren.

Schalotten, Paprika und Nüsse in eine Schüssel füllen und mit kochendem Wasser bedecken. 10 Minuten stehen lassen. Das Wasser abgießen.

Mit der Spitze eines scharfen Messers kleine Einschnitte in die Koteletts machen (auf beiden Seiten). Paprika-, Schalottenstücke und Nüsse hineindrücken. Öl und Zitronensaft vermischen und das Fleisch damit bestreichen. Salzen und pfeffern. Die Koteletts (mittlere Hitze) 15–18 Minuten auf jeder Seite grillen. Gelegentlich mit der Ölmischung bestreichen. Perlzwiebeln, Gürkchen und Kirschen auf Spießchen stecken und zum Fleisch servieren.

Für 6 Personen

WACHOLDER-LAMMSATTEL

1 kg Lammsattel

FÜLLUNG: 45 g Butter
1 kleine Zwiebel, fein gehackt
100 ml gut gewürzte heiße Brühe
60 g Semmelbrösel
60 g getrocknete Aprikosen, fein gehackt
8 Wacholderbeeren, fein gemahlen

Für die Füllung die Butter erhitzen und die Zwiebel darin glasig dünsten. Den Topf vom Herd nehmen. Die heiße Brühe und die restlichen Zutaten für die Füllung einrühren. Die Masse soll weich und elastisch sein. 10 Minuten stehen lassen.

Den Lammsattel mit den Knochenenden nach oben auf eine doppelte, gut eingeölte Folie stellen. Die Füllung in die Mitte drücken.

Entweder in einem geschlossenen Grill oder unter einem Zelt aus Alufolie (mittlere Hitze) auf dem Holzkohlengrill grillen. Je nach Grill dauert es 35-50 Minuten, bis das Fleisch gar ist. Auf die Knochen vor dem Servieren Papierkrausen setzen. Zucchini mit Kräutern (siehe Seite 84) und Neue Kartoffeln mit Kapern (siehe Seite 76) dazu reichen.

Für 4-5 Personen

SOUVLAKIA

750 g mageres Lammfleisch
1 1/2 TL Meersalz
6 EL gehackte, frische Oreganoblätter
4 EL Olivenöl
Frische Lorbeerblätter
1 große Zwiebel, fein gehackt
6-8 Cocktailtomaten, halbiert
1 kleine Gurke, geschält, in Scheiben
2 Zitronen, in Schnitzen
315 ml griechischer Naturjoghurt
Oreganozweige zum Garnieren

Das Fleisch in 2,5 cm große Würfel schneiden und in Meersalz wenden.

4 EL Oreganoblätter mit Olivenöl mischen. Das Fleisch auf 4-5 Spieße stecken. Jeweils ein Lorbeerblatt zwischen die Fleischwürfel schieben. Das Fleisch nicht zu eng stecken, damit die Hitze von allen Seiten eindringen kann. Mit der Ölmischung bestreichen.

Die Spieße auf den heißen Grill legen. 20 Minuten grillen, gelegentlich wenden. Die Salatzutaten auf den Tellern anrichten. Auf jeden Teller einen Klacks Joghurt geben. Mit Oreganoblättern bestreuen. Das Fleisch mit einer Gabel von den Spießen streifen und in einer Linie über den Salat legen. Mit Oregano bestreuen.

Für 4-5 Personen

ROTWEIN-PFEFFER-STEAKS

315 ml Roter Bordeaux
125 ml Olivenöl
2 EL grüne Pfefferkörner, gemahlen
2 EL Korianderkörner
8 Sirloin-Steaks, 2,5 cm dick
Korianderzweige zum Garnieren
Leicht gesalzene, geschlagene Sahne (nach Geschmack)

In einer großen Schüssel Wein, Olivenöl, Pfeffer und Korianderkörner vermischen.

Die Steaks tief einstechen. Mindestens 2 Stunden in der Marinade ziehen lassen.

Auf einen heißen Grill legen. Erst 1 Minute von beiden Seiten grillen, um den Saft einzuschließen. Dann die Steaks mehrmals wenden und mit der Marinade bestreichen. Ein blutiges Steak 3–4 Minuten pro Seite grillen. Sollen die Steaks medium sein, 6–7 Minuten, durchgebratene 8–10 Minuten auf dem Grill lassen. Mit Koriander garnieren. Nach Geschmack einen Löffel gesalzene Sahne dazugeben.

Für 8 Personen

KLEINE BRATENSTÜCKE

1,25 kg Rinderkeule (gerollt)

MARINADE: 1 rote Zwiebel, gehackt
1 kleine, grüne Paprikaschote, entkernt, gehackt
1 grüner Apfel, geschält, entkernt, gehackt
315 ml Rinderbrühe
2 EL Olivenöl
2 EL rotes Johannisbeergelee
1 EL Tomatenmark
1 EL Worcestersoße
1 TL Pfeilwurz
1 EL zerstoßene Eisenkrautblätter

Das Fleisch in 4 dicke Scheiben schneiden. (Die Fäden entfernen.) Das Fett wegschneiden. In 4 Streifen schneiden. Das Fleisch mit den Händen zu schönen, runden Scheiben formen. Die Fettstreifen um die Seiten der Fleischstücke binden. Marinade: Zwiebel, Paprika und Apfel mit den restlichen Marinadezutaten zusammen pürieren.

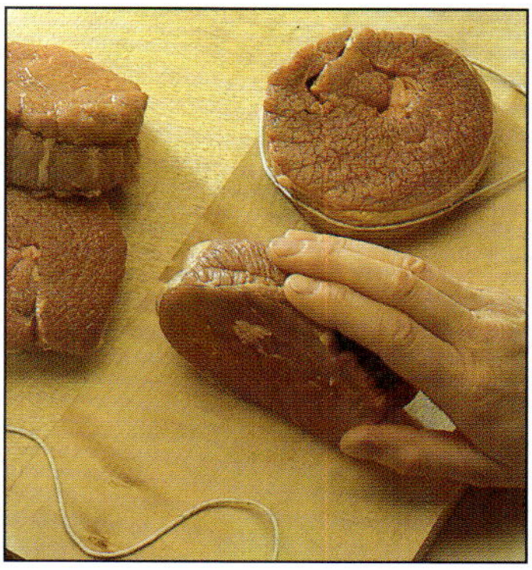

Die Mischung in einem schweren Topf erhitzen. Zum Kochen bringen, gelegentlich rühren und 10 Minuten offen köcheln lassen, bis die Marinade um ein Viertel reduziert ist. Abkühlen lassen. Das Fleisch 12 Stunden marinieren. Auf einen eingeölten Rost legen und etwa 20 Minuten in einem geschlossenen, oder 35-40 Minuten auf einem offenen Gerät grillen. Häufig wenden und mit Marinade bestreichen. Kartoffel-Crisps (siehe Seite 86) und Potters Red Relish (siehe Seite 106) dazu reichen.

Für 4-8 Personen

HOT-DOGS MIT SENFDIP

12–16 Frankfurter Würstchen
Salz und Pfeffer

DIP: 3 EL Senfpulver
250 ml Rahm

Dip: Senfpulver und Rahm in einer Schüssel verrühren. Zudecken und 15 Minuten an einem kühlen Platz stehenlassen, damit sich das Aroma entfalten kann.

Die Würstchen einstechen und auf dem eingeölten Rost 6–10 Minuten grillen (mittlere Hitze). Häufig umdrehen. Nach Geschmack salzen und pfeffern.

Einen Folienstreifen um jedes Würstchenende drehen, damit man sie besser anfassen kann. Die Schüssel mit dem Dip auf eine große Platte stellen und die Würstchen darum herum anrichten. Man kann die Würstchen auch in den Dip tauchen und in ein aufgeschlitztes langes Brötchen schieben.

Ergibt 12–16 Stück

KARIBISCHE BURGERS

2 EL Pflanzenöl
1 Knoblauchzehe, zerstoßen
1 große Zwiebel, fein gehackt
1 grüne Paprikaschote, entkernt, fein gehackt
1 kg mageres Rinderhackfleisch
1 TL getrocknete Kräutermischung
2 Eier, geschlagen
125 g Semmelbrösel
1 EL Tomatenmark
Salz und Pfeffer
1 kleine Ananas
Geschmolzene Butter zum Bestreichen
Frische Kräuter zum Garnieren (nach Geschmack)

Das Öl in einem Topf erhitzen. Zwiebel, Knoblauch und Paprika darin andünsten.
In eine große Schüssel umfüllen und mit Fleisch, Kräutern, Eiern, Semmelbröseln und Tomatenmark mischen. Salzen und pfeffern und aus der Masse 12 Fleischfladen formen. Auf einem eingeölten Rost 8–10 Minuten von beiden Seiten grillen.

Die Ananas schälen und in dünne Scheiben schneiden. Die Scheiben auf beiden Seiten mit geschmolzener Butter bestreichen und 3–6 Minuten auf den Grill legen. Einmal wenden. Mit Kräutern garnieren und auf das Fleisch legen. Geschmorte Bananen dazu reichen (siehe Seite 82).

Ergibt 12 Stück

KALBSLEBER-KEBABS

1 kg Kalbsleber
6 EL Rotwein
6 EL Sonnenblumenöl
1 TL Dijonsenf
1/2 TL Zwiebelsalz
1/2 TL Pfeffer
375 g kleine Pilze
Frische Kräuter zum Garnieren (nach Geschmack)

Die Leber putzen und in 4 cm große Stücke schneiden.

In einer großen Schüssel Wein, Öl, Senf, Zwiebelsalz und Pfeffer mischen. Leberstücke und Pilze hineingeben und mit der Marinade gründlich vermengen. Mindestens 1 Stunde im Kühlschrank ziehen lassen. Leber und Pilze gelegentlich wenden.

Leber und Pilze auf Spieße stecken. Über sehr heißen Kohlen 10-15 Minuten grillen. Häufig drehen und mit Marinade bestreichen. Nicht zu lange grillen, sonst wird die Leber hart und zäh. Wenn gewünscht, mit frischen Kräutern garnieren. Gekochte, in Butter geschwenkte Nudeln dazu servieren.

Für 6-8 Personen

ORIENTALISCHE SPARERIBS

3 kg magere Spareribs vom Schwein
Frühlingszwiebeln zum Garnieren

SAUCE: 125 ml Hoisin-Sauce
125 ml Miso-Paste
315 ml Tomatenmark
1 1/2 TL gemahlener Ingwer
1 1/2 TL Chinesisches Five-spice Powder
185 g ungebleichter Zucker
3 Knoblauchzehen, zerdrückt
1 TL Salz
2 EL Sake oder trockener Sherry

Die Spareribs in einzelne Stücke zerteilen. Das Fett zum größten Teil wegschneiden.

Die Saucenzutaten in einer Schüssel verrühren und die Rippenstücke damit bestreichen. In eine große, flache Schüssel legen und im Kühlschrank mindestens 4 Stunden, noch besser, über Nacht, ziehen lassen.

Eine Tropfpfanne auf den mittelheißen Grill stellen. Die Spareribs auf einen Rost darüber legen und 45-60 Minuten grillen. Gelegentlich wenden und mit Sauce bestreichen. Restliche Sauce getrennt erhitzen und zu den Spareribs servieren. Die Frühlingszwiebeln zu Quasten schneiden und das Fleisch damit garnieren.

Für 8 Personen

Hinweis: Legen Sie für die Gäste feuchte, warme Tücher oder Reinigungstüchlein bereit.

WÜRSTCHEN MIT SAHNEDIP

8-12 magere Bratwürstchen (Schwein oder Rind)
Öl zum Bestreichen

SAHNEDIP: 45 g geriebener Meerrettich
60 g Sahnekäse
2 EL Zitronensaft
1/2 TL Zucker
1/2 TL Salz
155 ml saure Sahne

Dip: Meerrettich, Käse, Zitronensaft, Zucker und Salz vermischen. Langsam die saure Sahne einrühren. Zudecken und bis zum Gebrauch kühlen.

Die Würstchen einstechen und auf Spieße stecken. Mit Öl bestreichen. 12-15 Minuten auf den Grill legen (mittlere Hitze). Häufig wenden.

Die Würstchen auf einem Brett kreisförmig anrichten und den vorbereiteten Dip in die Mitte stellen. Salate dazu reichen.

Für 8-12 Personen

BROCHETTES MEXIKANA

375 g Rumpsteak
375 g Schweinefilet
1 große, rote Paprikaschote, entkernt
1 große, grüne Paprikaschote, entkernt

MARINADE: 2 frische, grüne Chilischoten, entkernt
250 g Tomaten aus der Dose
250 g Tomatenpaprika aus der Dose, abgetropft
2 EL Zitronensaft
2 EL Olivenöl
1 Knoblauchzehe, zerdrückt
1 TL Kurkuma
1/2-1 TL Salz
1/2 TL Pfeffer

Das Fleisch in 2,5 cm große Würfel schneiden. Die Paprikaschoten in ähnlich große Stücke schneiden. Die Zutaten für die Marinade pürieren. In einen Topf füllen und köcheln lassen, bis die Menge um die Hälfte reduziert ist. Fleisch und Paprika einrühren. Zudecken und 12 Stunden an einem kühlen Ort ziehen lassen.

Das Fleisch abwechelnd mit den Paprikastücken auf Spieße stecken. Die Spieße etwa 20 Minuten über heißer Holzkohle grillen. Häufig drehen und mit der Marinade bestreichen. Mit Mais oder Taco-Chips und würzigen Mandeln (siehe Seite 107) servieren.

Für 5-6 Personen

– ALKOHOLISCHER SCHWEINEBRATEN –

1,5 kg Schweinerollbraten, ohne Knochen
30 g Butter
1 große Zwiebel, gehackt
2 Karotten, in dünnen Scheiben
2 Stangen Sellerie, in dünnen Scheiben
1 große Lauchstange, gewaschen, in Scheiben
155 ml halbtrockener Rotwein
1 EL frische Thymianblätter
2 TL frische Estragonblätter
Salz und Pfeffer
2 EL trockener Sherry
Ein paar Thymianzweige
2 EL Brandy
Thymian- oder Estragonzweige zum Garnieren

Die Schwarte des Bratens einschneiden.
Den Braten auf einen Rost in einen geschlossenen Grill legen. Bei niedriger Hitze 2 Stunden schmoren. Alle 15 Minuten drehen (oder einen Drehspieß verwenden). Inzwischen die Sauce zubereiten: Die Butter in einem Topf erhitzen und die Zwiebel darin bräunen. Karotten, Sellerie, Lauch, Wein und Kräuter hinzufügen. Zudecken und köcheln, bis das Gemüse weich ist. Gelegentlich umrühren. Durch ein Sieb streichen oder pürieren. Wieder in den Topf füllen, salzen und pfeffern und den Sherry einrühren.

Wenn der Braten gar ist (75° auf dem Fleischthermometer), das Fleisch mehrmals einstechen und frische Thymianzweige hineinstecken. Auf eine heiße, feuerfeste Platte legen. Den Brandy in einen Schöpflöffel gießen und über dem Grill ein paar Sekunden erhitzen. Über das Fleisch gießen und sofort anzünden. Den Bratensaft in die Sauce rühren. Den Braten in Scheiben schneiden und mit der Sauce servieren.

Für 6-8 Personen

RINDFLEISCH IN TAHINIPASTE

625 g Rinderfilet
4 EL Tahinipaste (Sesampaste)
8 EL Sesamöl
1/2 TL Knoblauchsalz
1 EL Zitronensaft
8 Frühlingszwiebeln, fein gehackt
Pfeffer
3 EL Sesam, geröstet
Frühlingszwiebelquasten, zum Garnieren

Das Fleisch in 20-25 dünne Scheiben schneiden.

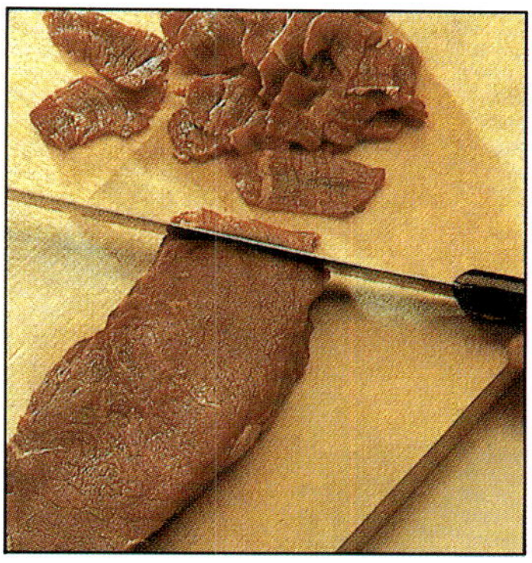

In einer Schüssel Tahini, Sesamöl, Knoblauchsalz, Zitronensaft und Zwiebeln mischen. Nach Geschmack pfeffern. Mit einer Zange die Filets in die Tahinimischung tauchen und dann auf ein Brett legen. Mit Frischhaltefolie bedecken und mindestens 1 Stunde ziehen lassen. Die Tahinimischung aufheben.

Einen Grill sehr heiß werden lassen und das Fleisch mit der bestrichenen Seite auf den Rost pressen. Nach 30 Sekunden mit einer Zange wenden und mit der Tahinimischung bestreichen. Weitere 1-1 1/2 Minuten grillen. Auf einen heißen Teller legen und mit Sesam bestreuen. Mit Frühlingszwiebeln garnieren.

Für 6-7 Personen

STEAK MIT GARNELEN

4 große Sirloin Steaks, etwa 2,5 cm dick
250 g gekochte, geschälte Garnelen
2 Knoblauchzehen
1/4 TL Salz
125 g Butter
4 TL Paprikapulver
1/4 TL Tabasco
60 ml Sahne
4 gekochte, ungeschälte Riesengarnelen, zum Garnieren

Die Steaks auf beiden Seiten mit einer Gabel einstechen. Die Garnelen auf einem Teller ausbreiten und mit Küchenkrepp bedecken, um die Feuchtigkeit aufzusaugen.

Den Knoblauch mit etwas Salz zerdrücken. Mit Butter, Paprika und Tabasco in einen kleinen Topf geben und auf kleiner Flamme erwärmen. Die Butter soll aber nicht schmelzen. Die Sahne einrühren und den Topf vom Herd nehmen.

Die Steaks auf beiden Seiten mit der Buttermischung bestreichen. In die restliche Butter im Topf die geschälten Garnelen einrühren. Die Steaks sehr heiß grillen, dabei häufig wenden. Wenn die Steaks fast fertig sind, den Topf mit den Garnelen am Rand der Grillfläche 2-3 Minuten aufwärmen. Die Garnelen auf die Steaks verteilen und mit den ungeschälten Garnelen garnieren.

Für 4 Personen

— SCHWEINEKOTELETTS »VERMONT« —

4 Schweinekoteletts, 2,5 cm dick
8–12 geschälte Pekannüsse, in Ahornsirup getaucht
Frühlingszwiebeln zum Garnieren

MARINADE: 4 Frühlingszwiebeln, in dünnen Scheiben
2 Knoblauchzehen, fein gehackt
4 EL Ahornsirup
4 EL Tomatenketchup
250 ml ungesüßter Apfelsaft
1 große Prise Chilipulver
1 große Prise gemahlener Zimt
1 große Prise Pfeffer
1 TL Salz

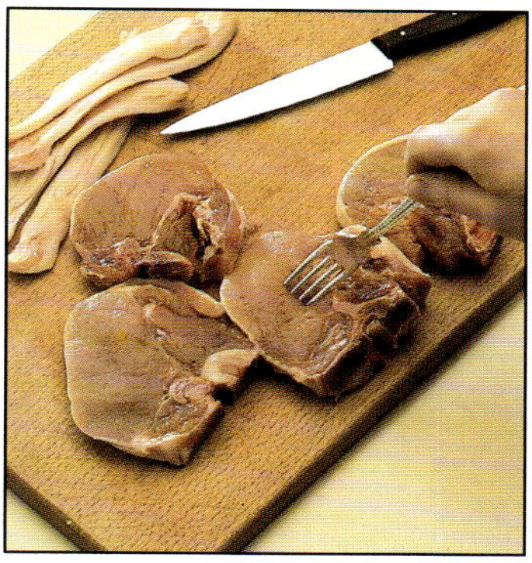

Die Koteletts auf beiden Seiten einstechen und eventuell das Fett wegschneiden.

In einer großen, flachen Schüssel alle Zutaten für die Marinade mit einer Gabel gründlich verrühren. Die Koteletts hineinlegen und wenden, damit sie von beiden Seiten bedeckt sind. Zudecken und mindestens 2 Stunden in den Kühlschrank stellen. In dieser Zeit die Koteletts ein- bis zweimal wenden.

Die Koteletts 15–20 Minuten (mittlere Hitze) von jeder Seite grillen. Immer wieder mit Marinade bestreichen. Kurz vor dem Servieren die restliche Marinade auf den Koteletts verteilen. Mit Pekannüssen und Frühlingszwiebeln garnieren. Gebratene Süßkartoffeln dazu reichen.

Für 4 Personen

LAMM UND LANCASHIRE SAUCE

375 g durchgedrehtes Lammfleisch
1 Ei, geschlagen
1 TL getrockneter Rosmarin
60 g frische Semmelbrösel
1 kleine rote Paprikaschote, ohne Kerne, durchgedreht
1 TL Tabasco
1/2 TL Zwiebelsalz
1/2 TL Pfeffer

SAUCE: 7 g Butter
7 g Mehl
125 ml Milch
1 Eigelb
75 ml saure Sahne
60 g Lancashire-Käse, zerkrümelt

Fleisch, Ei, Rosmarin, Semmelbrösel, Paprika, Tabasco, Zwiebelsalz und Pfeffer vermengen. Etwa 16 »Stäbchen« aus der Masse formen und 30 Minuten kühlen. Inzwischen die Sauce zubereiten: In einem kleinen Topf die Butter schmelzen, das Mehl einrühren. Den Topf vom Herd nehmen und die Milch hineingießen. Bei mäßiger Hitze rühren, bis die Sauce sahnig ist. Den Topf vom Herd nehmen. Eigelb und saure Sahne verrühren und in den Topf gießen. Den Käse einrühren und schmelzen lassen.

Das Fleisch auf einem eingeölten Rost (sehr heiß) 5-6 Minuten pro Seite grillen. Sollte das Fleisch zu rasch braun werden, die Hitze reduzieren. Je 4 Stäbchen fächerförmig auf einen Teller legen und die Sauce in die Mitte gießen.

Für 4 Personen

Hinweis: Mit roten Paprikaringen oder mit Rosmarinzweigen garnieren.

STEAKS MIT SCHINKEN

4 Sirloin-Steaks, je 2,5 cm dick
4 dünne Streifen magerer, geräucherter Schinken
Pfeffer
60 ml Olivenöl
185 g Krautsalat
Petersilienzweige zum Garnieren (nach Geschmack)

In beide Seiten der Steaks 3 tiefe Schnitte längs und quer schneiden. Nicht ganz durchtrennen.

Den Schinken in dünne Streifen schneiden. Die Streifen in die Kerben der Steaks hineindrücken. Es sollte ein Rautenmuster entstehen. Mit der Handfläche andrücken. Die Steaks pfeffern und mit Öl bestreichen.

Die Steaks über sehr heißen Kohlen grillen. Sobald die Unterseite gebräunt ist, die Steaks wenden, damit der Saft nicht herausläuft. Sollen die Steaks noch blutig sein, 5 Minuten pro Seite grillen (häufig wenden). Die Grillzeit nach Bedarf verlängern. Die Steaks nach Geschmack mit Petersilie garnieren. Den Krautsalat in kleine Schüsseln füllen und zum Fleisch servieren.

Für 4 Personen

VITELLO SIROTTI

8 Kalbsschnitzel, je 185 g
45 g Butter
12 schwarze Oliven, entsteint und gehackt
60 g Pinienkerne, fein gehackt
125 g Semmelbrösel
Salz und Pfeffer

SAUCE: 400 g Tomaten aus der Dose
1 Knoblauchzehe, geschält
1 Handvoll frische Petersilienzweige
1 EL Olivenöl
6 EL Cinzano Rosso

Die Schnitzel zwischen zwei Lagen Pergamentpapier flachklopfen.

Die Butter rühren, bis sie weich ist. Dann die gehackten Oliven, Pinienkerne und Semmelbrösel einrühren. Salzen und pfeffern. Die Mischung in 8 Portionen teilen und je auf ein Ende eines Schnitzels geben. Die Schnitzel zusammenrollen.

Jede Rolle in eine doppelte, eingeölte Alufolie wickeln. Alle Saucenzutaten pürieren, durch ein Nylonsieb streichen und in einem Topf erhitzen. Rühren, bis die Sauce dick wird. Warm stellen. Die Fleischrouladen 30-45 Minuten (oder 20 Minuten im geschlossenen Grill) grillen (mittlere Hitze). Nach der Hälfte der Grillzeit wenden. Die Folie entfernen und das Fleisch mit Sauce begießen.

Für 8 Personen

MEXIKANISCHE BRÖTCHEN

4 Filetsteaks, je 90 g, etwa 1 cm dick
1 große oder 2 kleine, feste Avocados
2 TL frischer Zitronensaft
60 g Mycellakäse, zerbröselt
2 Brötchen
Cayennepfeffer

Die Steaks auf einem eingeölten Rost sehr heiß grillen. Die Dauer richtet sich danach, ob die Steaks durchgebraten sein sollen oder nicht.

Inzwischen die Avocado halbieren und den Stein entfernen. Das Fruchtfleisch herauslösen und mit einer Gabel zusammen mit Zitronensaft und Käse zerdrücken. Die Brötchen auseinanderschneiden und von beiden Seiten auf dem Grill anrösten.

Wenn die Steaks fertig sind, die Hälfte der Avocadomasse darauf verstreichen und mit je einer Brötchenhälfte bedecken. Auf heiße Teller stürzen, so daß das Steak oben liegt. Die restliche Avocadomischung auf die Steaks häufen und mit Cayennepfeffer bestreuen.

Für 4 Personen

Hinweis: Die Avocadomasse nie im voraus zubereiten, da sie sich sehr rasch verfärbt.

— LAMMKOTELETTS MIT TAMARINDE —

45 g Butter
1 Zwiebel, fein gehackt
2 EL Tamarindenkonzentrat
2 EL Tomatenmark
2,5 cm frische Ingwerwurzel, fein gerieben
2 TL dunkelbrauner Zucker
2 EL Öl
Geriebene Schale und Saft einer großen Orange
6 doppelte Lammkoteletts
Orangensegmente, Orangenschale und Petersilienzweige zum Garnieren

Die Butter in einem Topf erhitzen und die Zwiebel darin glasig werden lassen.

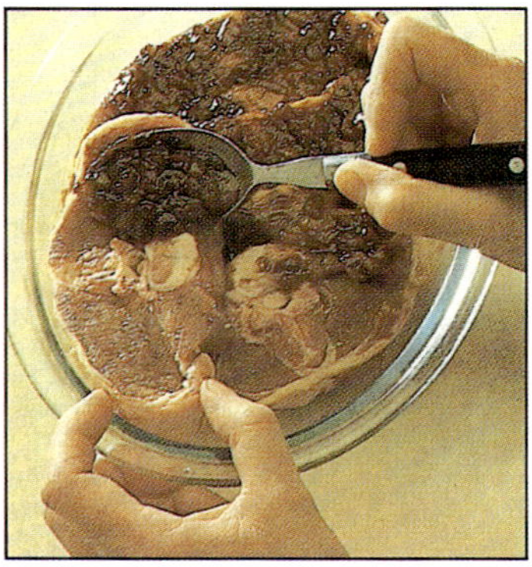

Tamarindenkonzentrat, Tomatenmark, Ingwerwurzel, Zucker, Öl, Orangenschale und -saft dazugeben und ohne Deckel 7-8 Minuten köcheln lassen, bis die Menge um ein Viertel reduziert ist. Abkühlen lassen, zudecken und über Nacht in den Kühlschrank stellen.

Über heißer Holzkohle die Koteletts 15-20 Minuten grillen. Während der Zeit zweimal wenden und mit Sauce bestreichen. (Falls die Sauce nicht reicht, Olivenöl verwenden.) Mit Orangensegmenten, Orangenschale und Petersilie garnieren.

Für 6 Personen

WILDBRET-STEAKS MIT HEIDELBEEREN

6 Wildbret-Steaks
Geriebene Schale und Saft von 2 Orangen
Saft einer Zitrone
3 EL Whisky
8 EL Olivenöl
1 TL Rosmarinblätter
3 Lorbeerblätter, zerkrümelt
1 TL Selleriesalz
250 g Heidelbeeren
185 g brauner Zucker
1 EL Zitronensaft

Die Steaks auf einem Brett flachklopfen. Das Fett wegschneiden.

Orangenschale, -saft, Zitronensaft, Whisky, Öl, Rosmarin, Lorbeer und Selleriesalz in einer großen, flachen Schüssel mischen. Das Fleisch in die Marinade legen und 6–8 Stunden im Kühlschrank ziehen lassen. Gelegentlich mit Marinade bestreichen. Die Heidelbeeren abzupfen. In einem schweren Topf Zucker, 1 EL Zitronensaft und 155 ml Wasser verrühren. Unter Rühren langsam erhitzen, bis der Zucker aufgelöst ist. Die Heidelbeeren hinzufügen und zum Kochen bringen. Die Beeren weich werden lassen und warmhalten.

Die Steaks aus der Marinade nehmen und auf einen eingeölten Rost legen. 10 Sekunden pro Seite grillen, um den Saft einzuschließen. Mit Marinade bestreichen und 5–7 Minuten pro Seite grillen. Mit Heidelbeersauce servieren.

Für 6 Personen

HÄHNCHEN ST. LUCIA

60 g Kokoscreme
1 TL gemahlener Kreuzkümmel
1 TL gemahlenes Kardamom
4 EL Mango-Chutney
125 ml Maiskeimöl
1 1/2-2 TL Salz
4 TL Kurkuma
4 Hähnchenkeulen, je 135-375 g

60 ml Wasser in einem kleinen Topf erhitzen, Kokoscreme einrühren und dann vom Herd nehmen. Kümmel, Kardamom und Mango-Chutney hineinrühren. Die Masse in eine Schüssel füllen und beiseite stellen.

Öl, Salz und Kurkuma mischen. Die Hähnchenkeulen großzügig mit der Mischung bestreichen. Das Fleisch auf dem Rost (mittlere Hitze) 12-15 Minuten pro Seite grillen. Immer wieder mit dem gewürzten Öl bestreichen. Mit einem Spieß bis zum Knochen einstechen. Wenn der Fleischsaft klar ist, sind die Hähnchenkeulen gar.

Die Keulen auf Teller legen und je ein Schüsselchen mit Sauce dazu stellen.

Für 4 Personen

PREISELBEER-BALLOTINE

1 bratfertiges Hähnchen, 2 kg
1 Zwiebel, gehackt
2 EL Öl
90 g Langkornreis
220 ml Brühe
90 g Rosinen
Geriebene Schale und Saft einer Zitrone
Salz und Pfeffer
1 Ei, geschlagen
60 g Preiselbeeren, gekocht, abgetropft
1/2 TL Zucker

Die Flügel am zweiten Gelenk abtrennen. Beiseite legen. Die Haut am Hals lösen, um das Gabelbein herumschneiden und entfernen.

Haut und Fleisch entlang des Rückgrats durchschneiden. Den Konturen der Karkasse folgend das Filet auslösen, ohne die Haut zu verletzen. Das Schultergelenk lösen, die Karkasse aus der Haut ziehen. Die Haut von den Schenkeln schieben und das Fleisch aufschneiden, um den Knochen zu entfernen. Bei den Flügeln den Vorgang wiederholen. Die Haut ausbreiten und mit Fleisch bedecken. Zwiebel in Öl weichdünsten, Reis, heiße Brühe, Rosinen, Zitronenschale und -saft dazugeben, zudecken und 20 Minuten einkochen lassen.

Die Reismischung salzen und pfeffern, abkühlen lassen und das Ei einrühren. Den Reis auf das Hähnchen verteilen (Fleischseite). Einen 2 cm breiten Rand lassen. Die Preiselbeeren süßen und in einem Längsstreifen auf dem Reis verteilen. Das Hähnchen wieder in die Originalform bringen und zunähen. In einem geschlossenen Gerät (mittlere Hitze) 1-1 1/4 Stunden grillen. Wenn das Hähnchen goldbraun ist, noch 10-15 Minuten stehen lassen, dann aufschneiden.

Für 4 Personen

HÄHNCHEN-TERIYAKI

750 g entbeinte, enthäutete Hähnchenbrust
750 g Wasserkastanien aus der Dose
4 EL trockener Sherry
4 EL halbtrockener Weißwein
4 EL Shoyu-Sauce
2 Knoblauchzehen, zerdrückt
Sonnenblumenöl zum Bestreichen
Salatblätter, Zwiebelringe, Petersilienzweige und Paprika zum Garnieren (nach Geschmack)

Die Hähnchen in 2,5 cm große Würfel schneiden. Die Kastanien abtropfen lassen. Mit dem Fleisch in einer Schüssel mischen.

In einer kleinen Schüssel Sherry, Wein, Shoyu-Sauce und Knoblauch verrühren. Über Fleisch und Kastanien gießen, Deckel auflegen und 30–60 Minuten ziehen lassen. Gelegentlich umrühren. Fleisch und Kastanien aus der Marinade nehmen und abwechselnd auf 8 lange Spieße stecken. Marinade aufheben.

Fleisch und Kastanien mit Öl bestreichen. Über sehr heißen Kohlen etwa 10 Minuten grillen. Immer wieder drehen und mit Marinade und Öl bestreichen. Zerpflückte Salatblätter auf einem Teller verteilen und die Spieße darauf legen. Mit Zwiebelringen, Petersilie und Paprikapulver garnieren.

Für 8 Personen

HÜHNERLEBER-KEBABS

625 g Hühnerlebern, geputzt und gewaschen
60 ml Sonnenblumenöl
1 Zwiebel, fein gehackt
1 Knoblauchzehe, zerdrückt
60 ml Rotwein
1/2 TL Tabasco
1 1/2 TL brauner Zucker
12 schwarze Pfefferkörner
Salz
18 Wasserkastanien aus der Dose
1 große rote Paprikaschote, entkernt, in Ringen

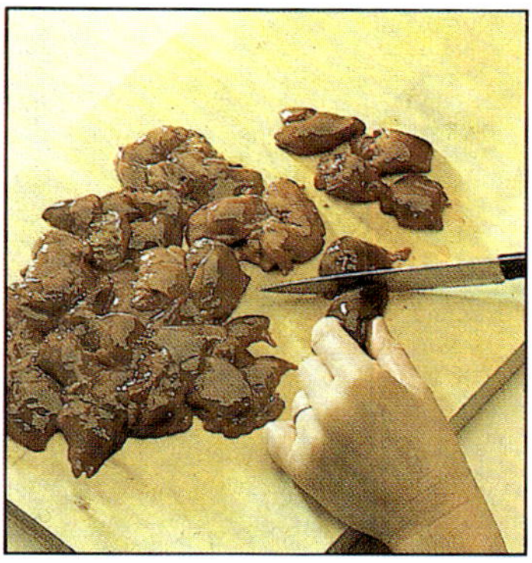

Die Hühnerlebern halbieren oder vierteln, je nach Größe.

Das Öl in einem kleinen Topf erhitzen und die Zwiebel darin weich dünsten. Knoblauch, Wein, Tabasco, Zucker, Pfefferkörner und etwas Salz einrühren. Zum Kochen bringen und die vorbereiteten Lebern hinzufügen. 1 Minute köcheln lassen, damit die Lebern fest werden. Den Topf vom Herd nehmen und die Lebern 2 Stunden marinieren.

Die Lebern aus der Marinade nehmen und abwechselnd mit den Kastanien auf 6 Spieße stecken. Die Pfefferkörner aus der Marinade entfernen. Die Spieße auf einen Rost legen und über sehr heißen Kohlen 6-8 Minuten grillen. Immer wieder drehen und mit Marinade bestreichen. Mit Paprikaringen garnieren und die restliche Marinade dazu reichen.

Für 6 Personen

GERÄUCHERTES HÄHNCHEN

2 Handvoll Hickoryspäne zum Räuchern
1 Handvoll frische, gemischte Kräuter
1 bratfertiges Hähnchen, 1,5-2 kg
Salz und Pfeffer

Dieses Gericht in einem Räucherofen oder einem geschlossenen Grill (Kugelgrill) zubereiten. Die Späne einweichen. Die Holzkohle anzünden, und sobald sie heiß ist, die Späne daraufstreuen.

Die Kräuter in eine flache Schüssel mit heißem Wasser geben. Auf einen Rost über die Kohlen stellen. Das Hähnchen außen salzen und pfeffern und auf einen Rost über die Wasserschüssel legen. Das Grillgerät schließen.

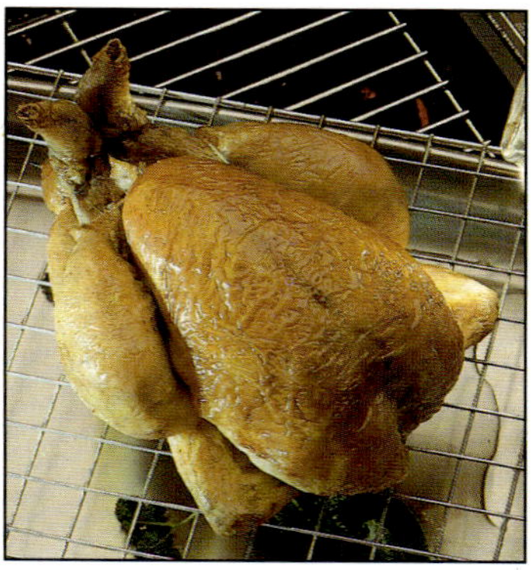

Die Hitze reduzieren und das Hähnchen etwa 3 Stunden lang räuchern. Alle 30 Minuten wenden. Man muß gelegentlich etwas Wasser in der Schüssel nachfüllen. Dazu schiebt man das Hähnchen ganz zur Seite und gießt sehr vorsichtig Wasser in die Schüssel. Das geräucherte Hähnchen hat ein feuchtes, rosafarbenes Fleisch und einen ausgeprägten Rauchgeschmack.

Für 4-6 Personen

MANGOHÄHNCHEN

2 reife Mangos
Saft einer kleinen Limone
1 EL Mango Chutney
125 g gesalzene Butter
1 EL Zitronensaft
1 Prise gemahlener Ingwer
1 Prise Cayennepfeffer
1 Prise gemahlene Nelken
1 Prise Salz
6 Hähnchenbrüste, je 125 g, enthäutet, entbeint
Limonenscheiben zum Garnieren

Die Mangos der Länge nach von oben bis unten einschneiden. Möglichst nahe am Stein schneiden.

Das Fleisch vom Stein abtrennen und in dünne Längsscheiben schneiden. Die weniger ansehnlichen Scheiben (etwa 60 g) fein hacken. Die Scheiben mit Limonensaft beträufeln und zum Garnieren beiseite legen. Mangobutter: Mangofleisch, Chutney, Butter, Zitronensaft, Ingwer, Cayennepfeffer, Nelken und Salz gründlich verkneten.

Die Hähnchenbrüste auf beiden Seiten einschneiden. Etwas Mangobutter in die Schlitze füllen. Die restliche Butter erhitzen und das Fleisch damit bestreichen. Das Fleisch über heißen Kohlen 7-8 Minuten grillen. Immer wieder mit der Mangobutter bestreichen. Mit den Mango- und Limonenscheiben garnieren.

Für 6 Personen

HÄHNCHENSATÉ

2 EL Erdnußöl
1 große Zwiebel, fein gehackt
3 Knoblauchzehen, fein gehackt
220 g Kokoscreme
500 ml heißes Wasser
2 EL Zitronensaft
2 TL Salz
1 TL gemahlenes Kardamom
1/2 TL gemahlener Ingwer
2 TL Kurkuma
125 g ungesalzene Erdnüsse, geröstet, enthäutet, fein gemahlen
750 g Hähnchenfleisch, in 2,5 cm großen Würfeln
Zitronenstücke und Korianderzweige zum Garnieren

Das Öl erhitzen und Zwiebel und Knoblauch weichdünsten. In einer großen Schüssel, Kokoscreme mit heißem Wasser verrühren. Zitronensaft, Salz, Kardamom, Ingwer, Kurkuma und Erdnüsse dazugeben. Zwiebel und Knoblauch mit dem restlichen Öl einrühren. Das Hähnchenfleisch zu dieser Mischung geben und zudecken. 4 Stunden im Kühlschrank marinieren.

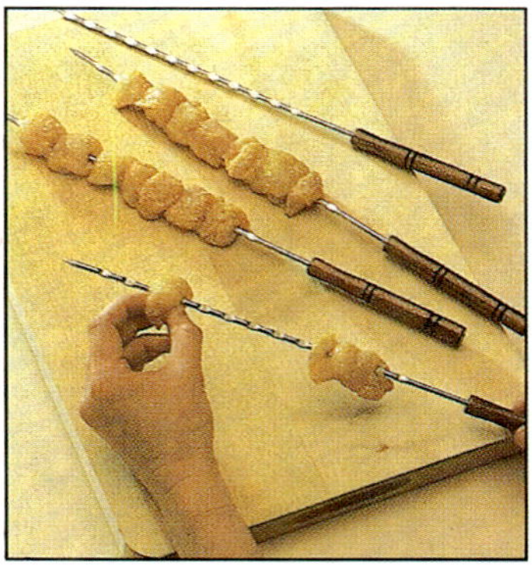

Die Fleischwürfel aus der Marinade nehmen und auf 8 Spieße stecken. Auf einem Rost über heißen Kohlen 10-12 Minuten grillen. Immer wieder wenden und mit Marinade bestreichen. Mit Zitrone und Koriander garnieren.

Für 8 Personen

Hinweis: In asiatischen Lebensmittelgeschäften bekommt man Krabbenbrot, das ganz hervorragend zu den Spießchen paßt.

GEGRILLTE HÄHNCHENKEULEN

12-16 Hähnchenkeulen
1 Scheibe Vollkornbrot, 2,5 cm dick
6 EL Tomatenmark
3 EL Rotwein
Saft einer halben Zitrone
2 EL Worcestersoße
2 EL Melasse
1 TL Salz
1/2 TL Pfeffer
1 TL französischer Senf
1/2 TL Chilipulver
1 TL Paprikapulver
2 EL Öl
Petersilienzweige zum Garnieren

Die Keulen waschen, trocknen und beiseite legen.
Das Brot in Würfel schneiden (Rinde entfernen) und mit allen anderen Zutaten (Petersilie ausgenommen) in eine große Schüssel füllen. Mit einer Gabel zu einer dicken Masse verrühren. Die Keulen in die Schüssel legen und mit der Marinade bedecken. An einem kühlen Platz 1 Stunde stehen lassen. Die Keulen gelegentlich wenden.

Die Keulen einzeln in eingeölte Alufolie wickeln. Über mittelheißen Kohlen 30-40 Minuten grillen. Von Zeit zu Zeit wenden. Bei einer Keule testen, ob sie gar ist. Mit einem Spieß hineinstechen. Wenn der Saft klar ist, ist das Fleisch gar. Mit Petersilie garnieren und in den Folientaschen servieren. Maiskölbchen dazu reichen.

Für 12-16 Personen

HÄHNCHENTÖRTCHEN

1 kg entbeinte, enthäutete Hähnchenbrüste
Olivenöl
Lorbeerblätter zum Garnieren

PÂTÉ: 250 g Hühnerlebern, geputzt, halbiert
4 EL Sherry
1/4 TL gemahlener Mazis
1/4 TL Lorbeerpulver
1/4 TL Pfeffer
1 TL Salz
125 g Butter, grob gehackt
2 TL Brandy

Eine Auflaufform mit 12 Vertiefungen mit Öl bestreichen. Die Hähnchenbrüste flachklopfen (0,3 cm). Das Fleisch so zurechtschneiden, daß es in die Vertiefungen der Form paßt. Überschüssige Stücke für die Pâté verwenden. In jede Vertiefung ein kleines Stück eingeölte Folie einpassen. Zudecken, in den Kühlschrank stellen und die Pâté zubereiten. Fleischreste und Lebern in einen Topf füllen.

Sherry, 2 EL Wasser, Gewürze, Salz und Pfeffer in den Topf geben. Zudecken und 5-7 Minuten erhitzen, bis Fleisch und Lebern gar sind. Butter und Brandy hinzufügen und die heiße Mischung mit einem Mixer pürieren. In eine Form (315 ml) füllen und kühlen, bis die Masse fest ist. Den Grill heiß werden lassen und die Auflaufform auf den Rost stellen. Die Unterseite der Törtchen soll hellbraun und das Fleisch schimmernd aussehen. Aus der Form lösen, die Folie entfernen und mit der Pâté füllen.
Für 12 Personen

TRUTHAHN-TANDOORI

6 Truthahnbrüste, je 185 g, entbeint und enthäutet
Saft von 3 kleinen Zitronen
200 ml Naturjoghurt
125 ml Salatöl
4 Knoblauchzehen, zerdrückt
2 TL Paprikapulver
2 TL gemahlener Kreuzkümmel
4 TL Kurkuma
1/2 TL gemahlener Ingwer
2 TL Salz
Ein paar Tropfen rote Speisefarbe, nach Geschmack

Die Truthahnbrüste auf beiden Seiten tief einschneiden. In einer Schicht in eine flache, große Schüssel legen.

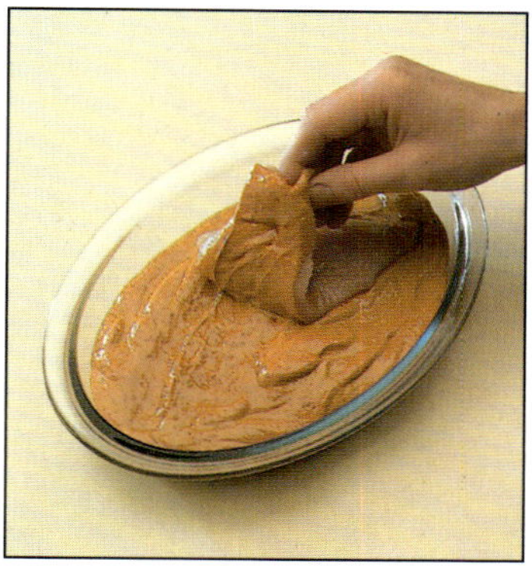

Zitronensaft, Joghurt, Öl, Knoblauch, Paprika, Kümmel, Kurkuma, Ingwer und Salz gut vermischen. Nach Geschmack ein paar Tropfen rote Speisefarbe zu der Mischung geben. Diese Sauce über die Truthahnbrüste gießen. Das Fleisch darin wenden, damit es völlig umhüllt ist. Zudecken und im Kühlschrank mindestens 12 Stunden marinieren.

Das Fleisch aus der Marinade nehmen und auf einen eingeölten Grillrost legen. 10 Minuten sehr heiß von beiden Seiten grillen. Immer wieder mit Marinade bestreichen. Mit Gurken-Raita (siehe Seite 105) und Tomaten-Zwiebel-Salat servieren.

Für 6–8 Personen

SCHNELLES HÄHNCHEN

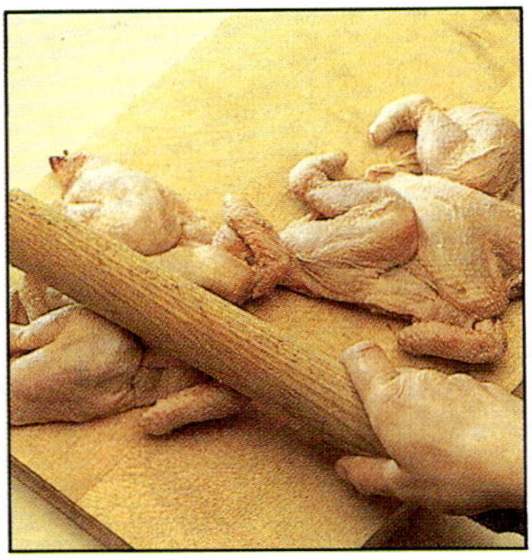

2 bratfertige Poussins oder sehr kleine Hähnchen
45 g Butter
3/4 TL geriebene Zitronenschale
3/4 TL Senfpulver
90 ml Sahne
Petersilienzweige zum Garnieren

Die Hähnchen auf ein Brett legen und mit der Geflügelschere oder einem scharfen Messer entlang des Rückgrats halbieren. Hautseite nach oben legen und die Teile 2,5 cm Dicke ausrollen oder klopfen.

Die Butter weichrühren und mit Zitronenschale, Senfpulver und Sahne vermengen. Die Hähnchenhälften mit der Hälfte der Butter bestreichen. 2 Spieße so durch die Hähnchenhälften stecken, daß sie sich kreuzen.

Über den heißen Kohlen 20 Minuten grillen. Gelegentlich mit der restlichen Buttermischung bestreichen und einmal wenden. Die Hitze reduzieren und die Hähnchen zum Rand der Grillfläche schieben. Weitere 20 Minuten grillen, bis die Hähnchen gar sind (einstechen und prüfen, ob der Saft klar ist), einmal wenden. Die Spieße entfernen. Die Hähnchenteile vor dem Servieren halbieren. Mit Petersilie garnieren.

Für 4 Personen

POUSSIN AÏOLI

5 Knoblauchzehen, geschält
2 Eigelb
125 ml Olivenöl
1 TL Zitronensaft
Salz und Pfeffer
2 bratfertige Poussins oder sehr kleine Hähnchen
Zitronenscheiben und Petersilie zum Garnieren

Den Knoblauch in einem Glasmörser zerstoßen. In eine Schüssel füllen und das Ei dazugeben. Langsam verrühren.

Das Öl tropfenweise in die Mischung einrühren, bis sie dick wird. Zitronensaft und 1 TL Wasser mischen. Abwechselnd 1 Tropfen Öl und 1 Tropfen Zitronenwasser einrühren. Die Sauce mit Salz und Pfeffer würzen.

Die Haut des Hähnchens ablösen und mit dem Stiel eines Löffels Knoblauchmayonnaise auf das Fleisch streichen. Alle Körperhöhlen und die Haut mit der Mischung bestreichen. Jedes Hähnchen in eine doppellagige Alufolie wickeln. Auf mittlerer Hitze 30 Minuten grillen. Die Folie entfernen und die Hähnchen weitere 15-20 Minuten grillen. Mehrmals wenden und bestreichen. Mit Zitrone und Petersilie garnieren.

Für 2-4 Personen

JUNGENTE AM SPIESS

1 bratfertige Jungente, 2 kg
Salz und Pfeffer
155 ml Ananassaft

SAUCE: 500 g entsteinte, schwarze Kirschen
1 Knoblauchzehe, ungeschält
155 ml Portwein
470 ml gut gewürzte Rinderbrühe
1 EL Kartoffelmehl
30 g Butter
1 EL schwarzes Johannisbeergelee

Die Ente mehrmals einstechen. Innen und außen salzen und pfeffern. Innen mit ein wenig Ananassaft beträufeln.

Sauce: Kirschen, Knoblauch, Portwein und Brühe in einen Topf füllen. Erhitzen, bis die Kirschen zart sind. Die Kirschen herausfischen und beiseite stellen. Den Knoblauch wegwerfen. Kartoffelmehl und 2 EL Wasser verrühren. In den Topf geben und die Flüssigkeit zum Kochen bringen. Butter, Gelee, Salz und Pfeffer einrühren. Die Kirschen wieder dazugeben und heiß werden lassen. Beiseite stellen, aber warm halten.

Wenn die Holzkohlen sehr heiß sind, auf die Seite schieben und eine Pfanne in die Mitte stellen. Die Ente in einen Bratkorb oder auf ein Gitter legen und in die Pfanne stellen. Auf mittlerer Hitze 2 1/2-3 Stunden grillen. (In einem geschlossenen Grill ist die Garzeit kürzer. Frühestens nach 30 Minuten öffnen.) Alle 10 Minuten mit Ananassaft bestreichen. Das Fett aus der Pfanne abschöpfen, den Bratensaft in die Sauce rühren und diese zur Ente servieren.

Für 6-8 Personen

ENTE MIT APFEL

4 Stück Entenbrust, je 500 g
315 ml Apfelsaftkonzentrat
2 TL gemahlene Gewürznelken
2 TL getrocknetes Oregano
1 TL Salz
1/2 TL Pfeffer

Die Entenstücke mit einem scharfen Messer diagonal durch Haut und Fleisch einschneiden, so daß ein Rautenmuster entsteht. Mit der Hautseite nach unten in eine Glasschüssel legen.

Die restlichen Zutaten mischen und mit 315 ml Wasser aufgießen. Über die Ententeile gießen. Zudecken und mindestens 6 Stunden oder, besser noch, über Nacht im Kühlschrank marinieren.

Die Entenbrüste aus der Marinade nehmen. Die Marinade aufheben. Die Ententeile auf mittlerer Hitze etwa 1 1/4 Stunden grillen. Alle 20 Minuten wenden und mit Marinade bestreichen. (In einem geschlossenen Grill verkürzt sich die Garzeit.) Mit Walnuß-Apfel-Hälften (siehe Seite 85) servieren.

Für 4 Personen

INGWER-APRIKOSEN-HÄHNCHEN

8-10 Hähnchenschenkel (mit Knochen und Haut)
400 g Aprikosenhälften aus der Dose, mit Saft
Etwa 250 ml Orangensaft
1 EL Walnußöl
1 kleine Zwiebelscheibe, püriert
1 TL geriebene, frische Ingwerwurzel
Salz und Pfeffer
12 rote Kirschen, entsteint

Die Hähnchenschenkel 2-3 mal tief, bis zum Knochen, einschneiden.

16 Aprikosen beiseite legen, die restlichen aus dem Saft nehmen und pürieren. Den Saft mit dem Orangensaft auf 375 ml aufgießen. In eine große Schüssel gießen. Pürierte Aprikosen, Öl, Zwiebel und Ingwer hinzufügen und alles salzen und pfeffern. Die Hähnchenschenkel hineinlegen, zudecken und 2 Stunden marinieren. Gelegentlich umrühren.

Die Schenkel auf einem eingeölten Rost über heißen Kohlen 25-30 Minuten grillen. 2-3 mal wenden und mit Marinade bestreichen. Die ganzen Aprikosen auf ein Folientablett legen und 3-5 Minuten auf dem Grill warm werden lassen. Mit den Kirschen füllen und zu den Hähnchenschenkeln servieren.

Für 4 Personen

PIKANTE HÄHNCHEN

2 junge Hähnchen, je 550 g
375 ml Tomatensaft
60 ml Worcestersoße
2 TL Zitronensaft
Saft einer halben Orange
Salz und Pfeffer
4 Chicoréeköpfe
Etwas Butter
1 Orange, in dünnen Scheiben, zum Garnieren

Die Hähnchen halbieren, so daß jede Hälfte ein Bein und einen Flügel hat. Mit der Schnittfläche nach oben in eine flache Schüssel legen.

Tomatensaft, Worcestersoße, Zitronen- und Orangensaft verrühren. Großzügig mit Pfeffer würzen. Über die Hähnchenhälften gießen, zudecken und 12 Stunden in den Kühlschrank stellen. Das Fleisch gelegentlich bestreichen. Die Chicoréeköpfe einzeln in doppelte Alufolie wickeln. Etwas Butter darauf geben, salzen und pfeffern und gut verschließen.

Die Hähnchenhälften 30-40 Minuten auf dem eingeölten Rost (mittlere Hitze) grillen. Mehrmals mit Marinade bestreichen. Die Chicorées 10-12 Minuten grillen. Die Hähnchenhälften mit Orangenscheiben garnieren und mit den eingewickelten Chicorées servieren.

Für 4 Personen

HÄHNCHEN-BRUNCH

250 g Hühnerlebern
60 ml Pflanzenöl
Salz und Pfeffer
4 Hähnchenbrüste, je 125 g, enthäutet, entbeint
4 Eier
3 EL Milch
30 g Butter, geschmolzen

Die Hühnerlebern waschen und mit Küchenkrepp gründlich trockentupfen. Auf eingeölte Spieße stecken (kleine Abstände zwischen den Stücken lassen.) Das Öl salzen und pfeffern und die Lebern damit bestreichen.

Die Hähnchenbrüste mit einem scharfen Messer der Länge nach aufschlitzen, aber nicht ganz durchtrennen. Die Teile auseinanderklappen und mit dem gewürzten Öl bestreichen. Über sehr heißen Kohlen 6–10 Minuten pro Seite grillen. Gelegentlich mit Öl bestreichen. Die Leberspieße während der letzten 8–10 Minuten ebenfalls auf den Grill legen. Häufig drehen und einölen.

Inzwischen Eier und Milch schlagen, salzen und pfeffern. Zu der geschmolzenen Butter in den Topf gießen und an den Rand der Grillfläche stellen. Die Rühreier auf die Hähnchenbrüste verteilen. Die Lebern vom Spieß schieben und auf das Ei legen. Mit heißem Buttertoast und gegrillten Tomaten servieren.

Für 4 Personen

ENTE AUF CHINESISCHE ART

3 Entenbrüste, je 500 g
Hoisin-Sauce
1 Bund Frühlingszwiebeln, längs, in dünne Streifen geschnitten

MARINADE: 2 TL Miso-Paste
90 ml trockener Sherry oder Sake
1/4–1/2 TL Five-Spice-Powder

CHINESISCHE PFANNKUCHEN: 250 g Mehl
185 ml kochendes Wasser
Sesamöl

Das Fleisch bis zum Knochen im Gittermuster einschneiden, die Marinade anrühren.

Die Ententeile in eine Schüssel legen. Mit Marinade begießen. Zudecken, 12 Stunden kühlen und gelegentlich bestreichen. Pfannkuchen: Mehl in eine Schüssel geben, das kochende Wasser einrühren. 10 Minuten kneten, mit einem feuchten Tuch bedecken und 30 Minuten ruhen lassen. 5 Minuten kneten und den Teig in 16 Portionen aufteilen. Immer 2 Portionen zu einem Fladen (5 cm ∅) ausrollen. Eine Seite einölen und die 2 Fladen mit den eingeölten Seiten zusammenpressen. Dann auf 17,5 cm ausrollen. Die Pfannkuchen in einer Pfanne (nicht eingefettet) auf kleiner Flamme ca. 1 Min. pro Seite backen. Die Ententeile etwa 1 Stunde in einem geschlossenen Gerät grillen. Dreimal wenden und mit der restlichen Marinade bestreichen. Das Fleisch vom Knochen abschneiden, solange es heiß ist. Eine Portion Fleisch mit 3–4 Pfannkuchen und einem Schälchen Hoisin-Sauce servieren. (Die Pfannkuchen bestreicht man mit Sauce und füllt sie mit Fleisch und Frühlingszwiebeln.)

Für 3–4 Personen

NEUE KARTOFFELN MIT KAPERN

500 g neue Kartoffeln
3 EL Kapern
90 g Butter, weich
Petersilienzweige zum Garnieren

Die Kartoffeln gründlich schrubben, dann 10 Minuten in gesalzenem Wasser kochen. Abtropfen und etwas abkühlen lassen.

Die Kapern fein hacken und mit der Butter vermengen. Jede Kartoffel tief einschneiden und den Schlitz mit der Buttermischung füllen.

Die Kartoffeln einzeln in Alufolie wickeln, über heißen Holzkohlen 10-15 Minuten grillen. Mit Petersilienzweigen garnieren.

Für 4-6 Personen

Hinweis: Diese Folienkartoffeln passen sehr gut zu gegrilltem Fisch oder Geflügel.

GANZE TOMATEN IN WEIN

8 feste Tomaten
8 TL Rotwein
Salz und Pfeffer
Brunnenkresse oder Salatblätter zum Garnieren

8 doppelte Quadrate aus Alufolie ausschneiden. Je eine Tomate in ein Quadrat geben, aber nicht ganz verschließen.

1 TL Rotwein über die Tomate gießen. Salzen und pfeffern. Die Folie so um die Tomate biegen, daß keine Flüssigkeit herausläuft.

Die Tomaten auf die Seite des Grillrostes legen (mittlere Hitze). 10–15 Minuten grillen. Aus der Folie wickeln und auf einen Teller legen. Die Weinsauce darauf verteilen. Auf einem Bett aus Brunnenkresse oder Salatblättern servieren.

Für 8 Personen

Hinweis: Diese Tomaten schmecken am besten als Beilage zu gegrillten Steaks oder Burgers. Sie können gleichzeitig gegrillt werden.

HOT HOT ALOO

500 g kleine, neue Kartoffeln
12 TL Limonen-Pickles
60 ml Salatöl
2 TL Tomatenmark
2 TL gemahlenes Kardamom
2 EL Joghurt
Limonenscheiben zum Garnieren

Die Kartoffeln waschen und schrubben. In Salzwasser kochen, bis sie gar, aber noch fest sind. Abtropfen lassen. Kalt werden lassen und auf 4-6 Spieße stecken.

Limonen-Pickles in eine Glasschüssel füllen und große Stücke mit einer Küchenschere zerkleinern. Öl, Tomatenmark, Kardamom und Joghurt einrühren.

Die Mischung mit einem Löffel auf den Spießen verteilen, daß die Kartoffeln ganz bedeckt sind. Über heißen Kohlen etwa 10 Minuten grillen und dabei häufig wenden. Mit Limonenscheiben garnieren.

Für 4-6 Personen

Hinweis: Man kann auch milde Limonen-Pickles verwenden.

SÜSS-SAURE AUBERGINEN

2 Auberginen
3 EL Estragonessig
3 EL Olivenöl
1 kleine Knoblauchzehe, zerdrückt
1 Prise Salz
1/2 TL Dijon-Senf
1 EL gehackte, frische Petersilie
1/2 TL getrockneter Majoran
1 Prise Cayennepfeffer
1 EL Zucker
Majoranzweige zum Garnieren

Die Auberginen schälen, halbieren und in 2,5 cm große Würfel schneiden.

Die restlichen Zutaten in einer großen Schüssel mischen. Die Auberginenwürfel dazugeben und gut vermengen. 15 Minuten stehenlassen. Gelegentlich umrühren.

Die Auberginenwürfel auf 8 Spieße stecken und über sehr heißen Kohlen 15 Minuten grillen und gelegentlich wenden. Mit Majoranzweigen garnieren.

Für 8 Personen

Hinweis: Die Auberginen sind eine köstliche Beilage zu gegrillten Steaks oder Koteletts.

GEGRILLTE CHAMPIGNONS

12 offene, flache Champignons, je 60 g
185 ml kaltgepreßtes Olivenöl (erste Pressung)
60 ml Zitronensaft
5 TL geriebener Meerrettich
1/4 TL Salz
1/4 TL Pfeffer
1 EL frische, gehackte Petersilie zum Garnieren

Die Champignons waschen und die Stiele auf 1 cm Länge abschneiden.

Olivenöl, Zitronensaft, geriebenen Meerrettich, Salz und Pfeffer in einer großen Schüssel vermischen. Die Pilze hineinlegen. Mit einem Löffel Flüssigkeit auf den Pilzen verteilen, bis sie ganz bedeckt sind. Mindestens 30 Minuten stehen lassen. Gelegentlich bestreichen.

Die Pilze auf den Rost legen und etwa 10 Minuten grillen. Gelegentlich wenden und mit der Marinade bestreichen. Die offene Seite der Pilze mit Petersilie bestreuen.

Für 6-12 Personen

— GEGRILLTE SPANISCHE ZWIEBELN —

2 große spanische oder rote Gemüsezwiebeln
Knoblauchsalz
4 EL Sahne, halbsteif geschlagen
1 EL zerstoßene, schwarze Pfefferkörner
30 g Butter
Rosmarinzweige zum Garnieren

Die Zwiebeln schälen und in 1 cm dicke Scheiben schneiden. Nicht in Ringe zerteilen.

Mit Knoblauchsalz würzen. Eine Seite mit der Sahne bestreichen und mit zerstoßenen Pfefferkörnern bestreuen.

Die Scheiben in einen Grillkorb legen, bestrichene Seite nach oben, und 5-8 Minuten grillen (sehr heiß). Wenden und weitere 5-8 Minuten grillen. Wenn die Zwiebelscheiben zu »verkohlen« beginnen, wenden und Butterflöckchen darauf verteilen. Die gepfefferte Seite nach oben legen. Mit Rosmarinzweigen garnieren und servieren.

Ergibt 8-10 Stück

GESCHMORTE BANANEN

6 unreife Bananen oder Kochbananen
30 g Butter
2 EL Zitronensaft
1/2 TL Quatre épices
1 Prise gemahlener Ingwer
Zitronenscheiben zum Garnieren

Die Bananen in der Schale auf den Grill legen und bei mittlerer Hitze garen. Immer wieder wenden, bis die Schale schwarz wird.

Die Butter weich werden lassen. Zitronensaft, Quatre épices und Ingwer einrühren.

Die fertigen Bananen längs halbieren und die gewürzte Butter darauf verteilen. Mit Zitronenscheiben garnieren.

Für 6–12 Personen

Hinweis: Quatre épices ist eine Mischung aus gemahlenem Pfeffer, Nelken, Muskat und entweder Zimt oder Ingwer.
Die geschmorten Bananen passen besonders gut zu Hähnchen, Schinken oder Kalbfleischgerichten.

SALBEI-SAHNE-KARTOFFELN

6 große Kartoffeln
Pflanzenöl
2 EL Weißweinessig
1 Bund Frühlingszwiebeln, in dünnen Scheiben
1 Eigelb
1 Prise Senfpulver
Salz und Pfeffer
1 TL Salbeiblätter, fein gehackt
155 ml saure Sahne
Frische Salbeiblätter zum Garnieren

Die Kartoffeln schrubben und mit Küchenkrepp abreiben. Die Schale tief einstechen und mit Öl einreiben.

Die Kartoffeln einzeln in doppelte Alufolie wickeln und 45-60 Minuten backen. Gelegentlich umdrehen. Essig in einen kleinen Topf füllen, die Frühlingszwiebeln dazugeben und auf kleiner Flamme kochen lassen, bis der Essig fast verdunstet ist. Den Topf vom Herd nehmen. Eigelb, Senfpulver, Salz und Pfeffer schlagen und in die Zwiebeln einrühren.

1 Minute auf kleiner Flamme rühren, bis die Mischung dick wird. Die Sauce nicht überhitzen, da sie sonst gerinnt. Vom Herd nehmen, Salbei und Sahne einrühren. Die Kartoffeln durch die Folie kreuzweise tief einschneiden. Die Schlitze leicht öffnen und ein wenig Sauce hineinfüllen. Mit Salbeiblättchen garnieren.

Für 6 Personen

ZUCCHINI MIT KRÄUTERN

8-10 junge, feste Zucchini, etwa 12 cm lang
1 TL Eisenkrautblätter
4-5 frische Minzeblätter
1 TL Majoranblätter
2 Lorbeerblätter
1/2 TL Salz
2 EL halbtrockener Weißwein
2 EL Zitronensaft
4 EL Sonnenblumenöl
Zitronenscheiben und frische Kräuter zum Garnieren

Die Zucchini waschen, an beiden Enden und in der Mitte ein- bis zweimal einstechen. Die Kräuter fein hacken.

In einer großen Schüssel Kräuter, Salz, Wein, Zitronensaft und Öl verrühren. Die Zucchini hineinlegen und drehen, bis sie ganz von der Marinade umhüllt sind. Zudecken und 4-5 Minuten ziehen lassen. Gelegentlich wenden.

Die Zucchini aus der Marinade nehmen und 8-10 Minuten auf dem Rost sehr heiß grillen. Die Zucchini sollen gar, aber noch fest sein. Während des Grillens immer wieder wenden und mit Marinade bestreichen. Mit Zitronenscheiben und Kräutern garnieren.

Für 8-10 Personen

ÄPFEL MIT WALNUSSFÜLLUNG

2 kleine, rote Äpfel
30 g geschälte Walnüsse
30 g getrocknete Datteln
60 ml Apfelsaft
1 TL geriebene Orangenschale
Streifen aus Orangenschale zum Garnieren

Die Äpfel waschen und abtrocknen. Die Kerngehäuse so entfernen, daß die Äpfel ganz bleiben. Die Äpfel längs halbieren. Jede Hälfte wird eine röhrenförmige Vertiefung in der Mitte haben.

Nüsse und Datteln grob hacken. Apfelsaft und geriebene Orangenschale in einen kleinen Topf füllen. Walnüsse und Datteln hinzufügen und alles zum Kochen bringen. 2-3 Minuten köcheln lassen, bis die Flüssigkeit absorbiert ist. Etwas abkühlen lassen und die Mischung dann in die Äpfel füllen.

Jeden Apfel einzeln in eine doppelte Lage Alufolie wickeln. Auf den Rost legen und 30 Minuten heiß grillen, bis die Äpfel weich sind. Gelegentlich wenden. Die Folie entfernen und die Äpfel mit Orangenschale garnieren.

Für 4 Personen

Hinweis: Als Beilage zu Wild oder Geflügel servieren.

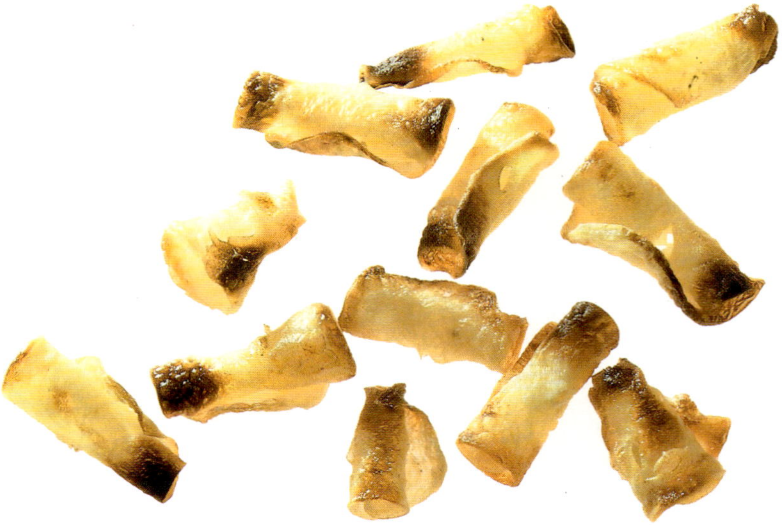

KARTOFFELCRISPS

2 große Kartoffeln, je 250 g
Heißes Wasser
Salz
4 EL Sonnenblumenöl

Die Kartoffeln schälen, vorsichtig der Länge nach in hauchdünne Scheiben schneiden und dabei der Form oder Biegung der Kartoffel folgen.

Die Scheiben sofort in heißes, gesalzenes Wasser tauchen. Umrühren, damit die Scheiben nicht zusammenkleben. 3-4 Minuten ziehen lassen, bis die Scheiben elastisch sind. Dann jede einzeln zusammenrollen und auf lange Spieße stecken. Immer 1 cm große Zwischenräume lassen.

Die Kartoffeln mit Öl bestreichen und 10-15 Minuten über heißen Kohlen grillen. Immer wieder drehen, bis die Kartoffeln knusprig sind. Die Spieße kurz zum Abtropfen auf Küchenkrepp legen und dann servieren.

Für 4-6 Personen

Hinweis: Man kann die Kartoffelmenge verdoppeln, sollte dann aber 2 Schüsseln mit Wasser bereitstellen.

VEGETARIER-SPIESS

250 g gleichmäßig geformte Karotten
1 Blumenkohl
250 g Zuckererbsen
250 g Perlzwiebeln
3 Maiskolben (kleiner Durchmesser)
1 EL Milch
Salatöl

ZUM SERVIEREN: Milde Tomatensauce (siehe Seite 108) und Lauch-Schinken-Sauce (siehe Seite 109)

Das Gemüse vorbereiten: die Karotten in Stücke schneiden. Den Blumenkohl in Röschen zerteilen.

Die Zuckererbsen an beiden Enden abschneiden. Die Zwiebeln schälen. Die Maiskolben in 2,5 cm dicke Scheiben schneiden. Das Gemüse getrennt in kochendes Wasser (1 EL Milch hinzufügen) geben. Kochen, bis das Gemüse »al dente« ist. In ein Sieb füllen und mit fließendem kaltem Wasser abspülen. Abtropfen lassen und in verschiedene Salatschüsseln füllen.

8-10 Spieße und Öl zum Bestreichen bereithalten. Verschiedene Gemüse auf einen Spieß stecken, mit Öl bestreichen und auf dem Rost etwa 5 Minuten (heiß) grillen. Die Spieße immer wieder drehen. Schüsseln mit Saucen zu den Gemüsespießen reichen.

Für 8-10 Personen

Hinweis: Mit Knoblauch gewürzte Mayonnaise als Dip zu den Gemüsespießen servieren.

KNUSPRIGE KNOBLAUCHKARTOFFELN

500 g neue Kartoffeln
8-10 große Knoblauchzehen
2 Eier, geschlagen
6-8 EL gelbes Maismehl
Petersilienzweige zum Garnieren

Die Kartoffeln schrubben. Die Knoblauchzehen schälen.

Kartoffeln und Knoblauch in Salzwasser 12-15 Minuten kochen lassen, bis die Kartoffeln gerade weich sind. Abtropfen lassen, den Knoblauch aufheben. Die Kartoffeln schälen, sobald man sie anfassen kann. Die Knoblauchzehen grob hacken und mit Hilfe eines Spießchens tief in die Kartoffeln stecken.

Die Kartoffeln erst in geschlagenes Ei tauchen, dann in Maismehl wenden. Mit einem Messer fest andrücken und wieder in das Ei tauchen. Die Kartoffeln auf den Rost legen und 10-15 Minuten über heißen Kohlen grillen, bis sie knusprig und goldbraun sind. Ein Körbchen mit einer frischen Serviette auskleiden und die Kartoffeln hineinlegen. Mit Petersilie garnieren.

Für 5-6 Personen

FLEISCHTOMATEN MIT ERDNUSS

4 Fleischtomaten
Salz und Pfeffer
Ein paar Tropfen Worcestersoße
2 TL gehacktes, frisches Basilikum
2 TL gehackte, frische Petersilie
4 TL geriebener Parmesan
60 g geröstete, ungesalzene Erdnüsse, fein gemahlen
Etwas Butter
8 Ringe geröstetes Brot (siehe Hinweis)
Basilikum- oder Petersilienzweige zum Garnieren

Die Tomaten waschen und abtrocknen, quer halbieren. Die Schnittflächen salzen und pfeffern.

Ein paar Tropfen Worcestershire Sauce darauf träufeln. Basilikum und Petersilie mischen und auf die Tomaten verteilen. Mit Parmesan bestreuen, dann die gemahlenen Erdnüsse darübergeben. Einen Klacks Butter darauf setzen. Die Tomatenhälften locker in Alufolie wickeln. Auf den Rost legen (offene Seite nach oben) und 20-25 Minuten grillen.

Aus der Folie nehmen und die Tomatenhälften auf die 8 Croûton-Ringe setzen. Mit Basilikum oder Petersilie garnieren.

Für 4-8 Personen

GEFÜLLTE AUBERGINEN

6 kleine Auberginen, je 185 g
30 g Butter
1 Zwiebel, fein gehackt
1 Knoblauchzehe, zerdrückt
250 g Tomaten aus der Dose, mit dem Saft
90 g Semmelbrösel
60 g geriebener Cheddar
1 TL getrockneter Oregano
Salz und Pfeffer
Oreganozweige zum Garnieren

Einen »Deckel« der Länge nach von den Auberginen abschneiden. Beiseite legen. Die Auberginen aushöhlen und eine 0,5 cm dicke Wand übrig lassen. Das Fruchtfleisch fein hacken.

Die Butter in einem Topf erhitzen und Zwiebel und Knoblauch darin weichdünsten. Das gehackte Aubergineninnere hinzufügen und mitdünsten, bis es weich ist. Den Herd ausschalten und Tomaten, Semmelbrösel, Käse, Oregano, Salz und Pfeffer einrühren.

Die Füllung auf die Auberginen verteilen. Die »Deckel« wieder auflegen und die Auberginen in leicht eingeölte Alufolie wickeln. Auf den Rost legen und 20–30 Minuten grillen oder direkt auf die heißen Kohlen legen. Mit Oreganozweigen garnieren.

Für 6 Personen

GEGRILLTE MAISKOLBEN

6 Maiskolben mit Blättern
125 g Butter, geschmolzen

KRÄUTERBUTTER: 60 g Butter
1 TL Zitronensaft
2 EL gehackte, frische Petersilie
1 EL gehackter, frischer Schnittlauch
Salz und Pfeffer

Die Maisblätter aufklappen und die Haare von den Kolben entfernen. Die Blätter wieder schließen. Die Kolben mindestens 1 Stunde in kaltem Wasser einweichen. Abtropfen lassen und das überschüssige Wasser abschütteln.

Inzwischen die Kräuterbutter zubereiten: Alle Zutaten verrühren, bis die Butter weich ist. Eine 2,5 cm dicke Rolle formen und in Pergamentpapier wickeln. Im Kühlschrank fest werden lassen, dann in Scheiben schneiden. In einer Schicht auf einen Teller legen und bis zum Gebrauch einfrieren.

Die Blätter der Maiskolben nach unten ziehen und die Körner mit geschmolzener Butter bestreichen. Die Blätter wieder schließen und die Kolben auf den Rost legen (mittlere Hitze). 30-40 Minuten grillen. Immer wieder wenden, bis die Blätter ziemlich braun sind. Die Blätter entfernen und die Kolben mit den Butterscheiben servieren.

Für 6 Personen

PAPRIKA MIT KARTOFFEL UND EI

4 kleine, grüne Paprikaschoten
4 hartgekochte Eier, geschält
250 g gekochte Kartoffeln
3 EL Mayonnaise
2 TL Dijon-Senf
4 TL frischer, gehackter Schnittlauch
1 TL Paprikapulver
1/2 TL Knoblauchsalz
Pfeffer
Petersilienzweige zum Garnieren

Von den Paprikaschoten eine dünne Scheibe abschneiden. Die Kerne aus den Schoten entfernen.

Eier und Kartoffeln grob hacken. Mayonnaise, Senf, Schnittlauch, Paprika, Knoblauchsalz und Pfeffer hinzufügen. Alles gut vermengen.

Die Mischung in die Paprikaschoten füllen. Jede Schote einzeln in eine leicht gebutterte, doppelte Folie wickeln. Auf einen Rost oder direkt auf die Kohlen legen und etwa 30 Minuten grillen, bis die Paprikaschoten weich sind. Die Folienpäckchen gelegentlich wenden. Mit Petersilienzweigen garnieren.

Für 4 Personen

Hinweis: Zu diesen Paprikaschoten paßt die milde Tomatensauce (siehe Seite 108).

PARANUSS-BURGERS

45 g Butter
1 Zwiebel, fein gehackt
1 Selleriestange, fein gehackt
1/2 grüne Paprikaschote, entkernt und fein gehackt
250 g Paranüsse, geschält, fein gemahlen
1 Karotte, gerieben
1 TL Hefeextrakt
315 ml Gemüsebrühe
60 g Bulgur (Weizenschrot)
Salz und Pfeffer
2 Eier, geschlagen
Mehl zum Bestäuben
Pflanzenöl
Grüne Paprikaringe zum Garnieren

Die Butter in einem schweren Topf erhitzen. Zwiebel, Sellerie und Paprika darin weichdünsten. Die Nüsse einrühren und 3-4 Minuten unter Rühren erhitzen. Geriebene Karotten, Hefeextrakt und Gemüsebrühe einrühren und die Mischung zum Kochen bringen. 5 Minuten köcheln lassen. Bulgur hinzufügen, salzen und pfeffern. Die Mischung abkühlen lassen, dann mit Ei zu einer dicken Paste binden.

6 oder 7 Burgers daraus formen. Auf ein eingeöltes Folientablett legen. Auf einem Rost über sehr heißen Kohlen 10 Minuten grillen. Einmal wenden. Die Burgers auf Teller legen und mit grünem Paprika garnieren. Milde Tomatensauce (siehe Seite 108) oder feurige Chiliglasur (siehe Seite 13) dazu reichen.

Für 6-7 Personen

ZUCCHINI MIT GRÜNEN LINSEN

3 große, feste Zucchini
2 Frühlingszwiebeln
1 kleine, grüne Paprikaschote
1 Tomate
125 g gekochte, grüne Linsen
1 TL frische Basilikumblätter, klein geschnitten
Salz und Pfeffer
3 EL geraspelte, geröstete Haselnüsse
Basilikumzweige zum Garnieren

Die Zucchini der Länge nach halbieren. Innen aushöhlen und eine 0,5 cm dicke Schicht stehen lassen. Die Hüllen beiseite stellen.

Die Frühlingszwiebeln in dünne Scheiben schneiden. Die Paprikaschote entkernen und fein hacken. Die Tomate enthäuten und hacken. Das Gemüse zum Zucchinifleisch in eine große Schüssel füllen. Linsen und Basilikum hineinmischen. Die Mischung salzen und pfeffern und in die ausgehöhlten Zucchini füllen.

Die Hälften einzeln in doppelte Alufolie wickeln. Über der Füllung etwas Platz lassen, damit der Dampf zirkulieren kann. 20 Minuten auf dem Rost (sehr heiß) grillen. Die Zucchini sollen gar, aber fest sein. Die Päckchen öffnen. Haselnüsse über die Füllung streuen. Mit Basilikumzweigen garnieren.

Für 6 Personen

PFANNKUCHEN MIT BROCCOLI

250 g Broccoli
90 ml griechischer Joghurt (Naturjoghurt)
Pfeffer
2 EL Mehl
3 EL Milch
4 große Eier
1 EL Sojasauce
Butter
Pflanzenöl

Den Broccoli in sprudelndem Salzwasser 6–8 Minuten kochen. Gut abtropfen lassen und fein hacken. Mit Joghurt vermengen und pfeffern. Beiseite stellen.

Das Mehl in eine Schüssel sieben und die Milch einrühren. Eier und Sojasauce schlagen und allmählich in die Schüssel einrühren. Die Zutaten zu einem glatten, dünnen Teig vermischen. Eine kleine Omelettepfanne erhitzen und etwas Butter hineingeben. 6 oder 8 Pfannkuchen (15 cm ∅) backen, aber nur auf einer Seite bräunen. Die Pfannkuchen mit der gebackenen Seite nach oben auf Pergamentpapier legen. Beim Abkühlen werden sie fest.

Etwas Broccolifüllung auf eine Hälfte der Pfannkuchen geben. Zusammenfalten, daß die Füllung bedeckt ist. Die Seiten nach innen klappen und den Pfannkuchen nochmal zu einem Päckchen zuklappen. Die abgekühlten Pfannkuchen mit Öl bestreichen und 3–4 Minuten (offene Seite nach unten) grillen, dann wenden.

Für 6–8 Personen

Hinweis: Zu den Pfannkuchen paßt grüner Salat sehr gut.

– AVOCADO MIT SELLERIE UND STILTON –

3 reife Avocados
2 EL Zitronensaft
Salz und Pfeffer
2 Stangen Sellerie, gekocht und gehackt
90 g gekochter, brauner Reis
90 g weißer Stilton, zerkrümelt
1 EL Tomatenmark
1 Prise Chilipulver
Sellerieblätter und halbierte blaue Trauben zum Garnieren

Die Avocados halbieren und den Stein entfernen. Zitronensaft mit Salz und Pfeffer verrühren. Die Schnittfläche der Avocados bestreichen.

Sellerie, Reis und Stilton vermengen. Tomatenmark und Chilipulver einrühren. Alles gründlich vermischen und in die Avocadohälften füllen. Diese auf ein eingeöltes Folientablett legen.

Die Folie auf den Rost stellen und die Avocados mit Alufolie bedecken (oder einen geschlossenen Grill verwenden). Auf mittlerer Hitze 15-20 Minuten grillen. Wenn die Avocados ganz heiß sind, mit Sellerieblättern und halbierten, entkernten Trauben garnieren.

Für 6 Personen

KIWIS UND STANGENINGWER

6 Stücke in Sirup eingelegter Stangeningwer
6 feste Kiwis, ungeschält
5-6 EL Ingwersirup
155 ml Sahne
3 TL Puderzucker
1 EL gehackte Pistazienkerne

Die Ingwerstücke der Länge nach halbieren. Die Kiwis der Länge nach durchschneiden. Das feste Innere herausschneiden und kleinhacken. Das Fruchtfleisch mit Ingwersirup begießen und mehrmals einstechen, damit der Sirup einziehen kann. Die Sahne mit dem Zucker steif schlagen. Im Kühlschrank aufbewahren.

Die Ingwerstücke in die Vertiefungen der Kiwis legen. Die Kiwis auf Quadrate aus Alufolie setzen und mit Ingwersirup begießen. Die Folie gut verschließen.

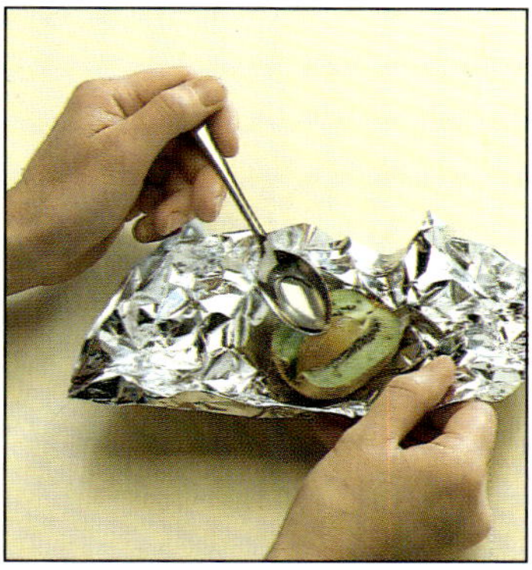

Die Kiwis bei mittlerer Hitze 10-15 Minuten grillen. Die Päckchen gegen Ende der Grillzeit einmal umdrehen. Die Folie öffnen und die Kiwis mit der Schnittseite nach oben servieren. Mit Nüssen und dem gehackten Fruchtinneren bestreuen. Mit süßer Schlagsahne servieren.

Für 6 Personen

GRAND-MARNIER-KEBABS

3 feste Aprikosen
3 feste, frische Feigen
2 Ananasscheiben, je 2,5 cm dick
2 Satsumas
2 feste Bananen
2 Äpfel
1 EL Zitronensaft
90 g Butter
90 g Puderzucker
1 EL Grand Marnier
1 EL frischer Orangensaft
1 EL fein geriebene Orangenschale

Die Aprikosen halbieren und die Steine entfernen. Die Feigen der Länge nach vierteln.

Die Ananasscheiben in Stücke schneiden. Satsumas schälen und vierteln, die dünne Haut nicht durchschneiden. Die Bananen schälen und in 2,5 cm dicke Scheiben schneiden. Die Äpfel vierteln, das Kerngehäuse entfernen und die Viertel quer halbieren. Äpfel und Bananen mit Zitronensaft beträufeln, damit sie sich nicht verfärben.

Das Obst auf 6-8 Spieße stecken. Immer mit einem Apfel und einer Ananas beginnen und aufhören. Die Butter schmelzen und den Zucker einrühren. Grand Marnier, Orangensaft und -schale hinzufügen. Die Spieße damit bestreichen und 5-6 Minuten grillen (mittlere Hitze). Immer wieder bestreichen. Die Spieße heiß servieren. Restliche Sauce dazu reichen.

Für 6-8 Personen

KROKANTBANANEN

15 g Mandeln
15 g Haselnüsse
60 g Zucker
6 nicht ganz reife Bananen
Geschlagene Sahne zum Servieren

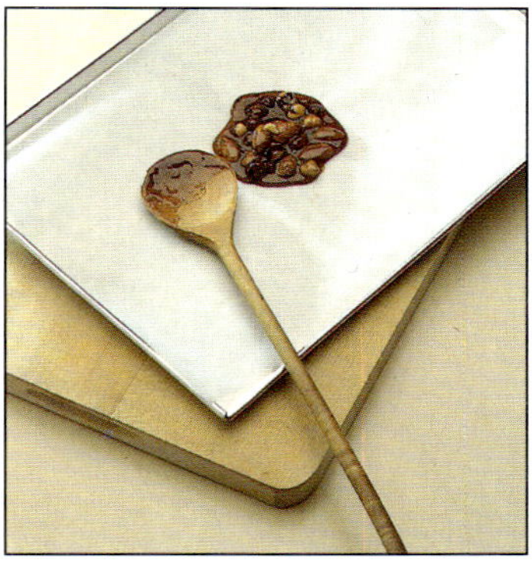

Mandeln, Haselnüsse und Zucker in eine kleine, schwere Pfanne geben und unter Rühren erhitzen, bis der Zucker aufgelöst ist. Die Hitze steigern, bis der Sirup dunkelbraun ist. Ein Pergamentpapier auf ein Backblech oder ein Brett legen und den Sirup sofort darauf gießen. Die sehr heiße Masse abkühlen und fest werden lassen, dann fein zerstoßen.

Die Bananen hinlegen und an der oberen Seite einen langen Schnitt durch die Schale machen. Den Schlitz etwas öffnen und je 3 TL der Krokantmasse hineinfüllen. Die Bananen wieder schließen und einzeln in doppelte Alufolie wickeln. An der Oberseite fest verschließen.

Direkt auf die Kohlen (mittlere Hitze) legen und 8-10 Minuten grillen. Nach der halben Zeit einmal wenden. Zum Servieren die Folie öffnen und den Schlitz in der Banane etwas aufbiegen. Sahne dazu reichen.

Für 6 Personen

PFIRSICHE UND BUTTERSCOTCH

6 Pfirsiche, halbiert und entsteint
Engelwurz zum Verzieren (nach Geschmack)

BUTTERSCOTCH-SAUCE: 90 g brauner Zucker
155 ml Ahornsirup
45 g Butter
1 Prise Salz
155 ml Sahne
Ein paar Tropfen Vanilleessenz

FÜLLUNG: 60 g gemahlene Mandeln
2 EL fein gehackte Engelwurz

Die Pfirsiche waschen, halbieren und entsteinen.

Sauce: Zucker, Ahornsirup, Butter und Salz in einem schweren Topf zum Kochen bringen. Einmal umrühren, dann 3 Minuten zu einem dicken Sirup kochen. Sahne einrühren, die Sauce wieder zum Kochen bringen und sofort vom Herd nehmen. Vanilleessenz dazugeben. In einen Krug füllen und warm halten.

Die Pfirsiche mit der Schnittfläche nach unten auf doppelte Alufolie legen. Die Folie am Rand nach oben biegen, aber nicht verschließen. Die Pfirsiche 5 Minuten auf dem Rost grillen. Die Pfirsiche in der Folie wenden und mit Mandeln und Engelwurz füllen. Etwas Sauce darauf geben. Die Folie fest verschließen und die Pfirsiche noch 10 Minuten grillen. Mit Engelwurz verzieren und mit der restlichen Sauce servieren.

Für 6–12 Personen

ANANAS IN WODKA

4 große Ananasscheiben, etwa 2 cm dick
3 EL Wodka
90 g Butter
60 ml Sahne
1 TL gemahlenes Kardamom
2 EL Puderzucker
12 eingelegte Schattenmorellen
Puderzucker zum Bestreuen

Die Ananasscheiben schälen und das Innere herausschneiden. Den Wodka in eine flache Schüssel gießen, die Ananasringe hineinlegen und wenden. Zudecken und 20 Minuten marinieren.

Die Butter in einem kleinen Topf erhitzen. Sahne, Kardamom und Puderzucker einrühren.

Die Ananasringe in die Butter tauchen und auf dem Rost über heißen Kohlen 5 Minuten pro Seite goldbraun grillen. Die Ananasringe auf vorgewärmte Teller legen und je eine Kirsche in die Mitte geben. Leicht mit Puderzucker bestäuben.

Für 4 Personen

- KAKIFRUCHT MIT RUM UND ROSINEN -

6 Kakifrüchte
30 g gemischte Trockenfrüchte
1 kandierte Kirsche
3 Mandeln
2 TL brauner Zucker
1 TL brauner Rum
1 Prise gemahlener Zimt
1/2 TL Zitronensaft
6 kleine Erdbeeren

Die Kakifrüchte aushöhlen, aber die Schalen nicht verletzten. Das Fruchtfleisch in eine Schüssel füllen.

Mit einem scharfen, leicht bemehlten Messer getrocknete Früchte, Kirsche und Mandeln fein hacken. Zum Fruchtfleisch in die Schüssel geben und Zucker, Rum, Zimt und Zitronensaft hinzufügen. Die Füllung vorsichtig in die Fruchthüllen geben. Die Früchte einzeln in doppelte, leicht eingeölte Alufolie wickeln.

Die Folienpäckchen auf Holzkohlen legen (mittlere Hitze) und 25-30 Minuten grillen. Zum Servieren die Folie öffnen. Jede Frucht mit einer Erdbeere garnieren.

Für 6 Personen

TROPISCHE FRÜCHTE

3 rosa Grapefruit
8 Lychees
2 Kumquats, gewaschen und abgetrocknet
1 Guave
1 Papaya
1 kleine Mango
4 EL Golden Syrup
30 g Butter
2 EL Kokosraspel, geröstet

Die Grapefruit halbieren und die Fruchtfleischsegmente herauslösen. Abtropfen lassen. Die Grapefruitschalen auskratzen, die dünnen Häute wegwerfen.

Die Lychees schälen und entsteinen. Die Kumquats in Scheiben schneiden. Guave und Papaya halbieren, die Kerne entfernen und die geschälten Früchte in Würfel schneiden. Die Mango schälen, das Fleisch vom Stein trennen und in Streifen schneiden. Alle Früchte in einer Schüssel mischen. Den Sirup erhitzen, über das Obst gießen und vorsichtig umrühren.

In die Grapefruithälften füllen. Ein Flöckchen Butter auf die Füllung geben und die Grapefruit einzeln in doppelte Alufolie packen. 7-10 Minuten grillen. Die Früchte sollen nur heiß werden. Die Grapefruit auspacken und auf Teller legen. Mit gerösteten Kokosraspeln bestreuen.

Für 6 Personen

Hinweis: Die Grapefruithälften mit Minzezweigen garnieren.

ÄPFEL MIT BIRNEN-PFIRSICH-FÜLLUNG

2 getrocknete, halbe Birnen
2 getrocknete, halbe Pfirsiche
1 EL Sultaninen
1 Prise gemahlene Nelken
1 Prise Mischgewürz
60 g brauner Zucker
30 g Butter
4 Kochäpfel
Geschlagene Sahne zum Servieren

Birnen und Pfirsiche in einen Topf geben. Mit Wasser bedecken, zum Kochen bringen und 5 Minuten kochen lassen. Abtropfen lassen und die Früchte hacken. Mit Sultaninen, Gewürzen, Zucker und Butter mischen.

Die Äpfel waschen und das Kerngehäuse entfernen. Auf doppelte Alufolie legen und die Aushöhlung fest mit der Fruchtmasse füllen. Die Folie nach oben biegen und fest zudrehen.

Bei mittlerer Hitze die Äpfel 45–50 Minuten auf dem Rost garen. Von Zeit zu Zeit etwas drehen. Man kann die Äpfel auch direkt in die Kohlen legen. Garzeit dann 20–30 Minuten. Zum Servieren die Folie oben aufschneiden und nach unten klappen. Sahne dazu reichen.

Für 4 Personen

GURKEN-RAITA

1 kleine Gurke
1 TL Salz
625 ml Joghurt
1 TL fein gehackte Zwiebel
1 TL gehackte, frische Korianderblätter
Pfeffer
Korianderblätter zum Garnieren

Die Gurke schälen und fein hacken. Ein Nylonsieb mit Küchenkrepp auslegen und die Gurken hineinfüllen. Mit Salz bestreuen und 1 Stunde ziehen lassen, damit die Feuchtigkeit abtropft.

Ein anderes Sieb mit Musselin auslegen, über eine Schüssel hängen und den Joghurt hineingießen. 2 Stunden an einem kühlen Platz stehenlassen.

Die Molke weggießen. Joghurt, Gurken, Zwiebeln und gehackte Korianderblätter vermengen. Nach Geschmack salzen und pfeffern. In eine Schüssel umfüllen und mit frischen Korianderblättern garnieren.

Ergibt 500 ml

POTTERS RED RELISH

4 große, reife Tomaten
1 kleine, rote Paprikaschote, ohne Kerne
1 kleine, grüne Paprikaschote, ohne Kerne
1 große Zwiebel
2 TL Salz
90 g brauner Zucker
155 ml Malzessig
1/2 TL süßes Paprikapulver
Petersilienzweige zum Garnieren

Die Tomaten schälen und fein hacken. Paprikaschoten und Zwiebel sehr fein hacken.

Alle Zutaten bis auf die Petersilie in einen großen, schweren Topf füllen. Zum Kochen bringen, dann die Hitze reduzieren und alles etwa 1 Stunde köcheln lassen, bis die Mischung dick ist. Gelegentlich umrühren.

In ein großes Marmeladenglas füllen. Mit einer Wachsschicht und einem Schraubdeckel verschließen und 1-2 Wochen stehen lassen. In eine Schüssel füllen und mit Petersilie garnieren.

Ergibt etwa 500 g

Hinweis: Dieses Relish paßt zu Fleisch und zu Wild.

GEWÜRZTE MANDELN

250 g Mandeln
1/4 TL gemahlenes Allgewürz
1/4 TL gemahlener Kreuzkümmel
2 TL Salz
45 g Butter

Die Mandeln in einen Topf mit heißem Wasser füllen. Zum Kochen bringen und 30 Sekunden köcheln lassen. Abtropfen und 1 Minute stehen lassen, dann die Schalen abreiben. Allgewürz, Kümmel und Salz vermengen und beiseite stellen.

Die Butter in einem Topf oder einer Pfanne schmelzen. Die Mandeln darin goldbraun anrösten.

Auf Küchenkrepp abtropfen lassen. Solange sie noch heiß sind, die Mandeln mit dem Gewürzsalz bestreuen. Wenn sie kalt sind, in ein Sieb füllen und schütteln, damit das überschüssige Salz abfällt.

Ergibt 250 g

MILDE TOMATENSAUCE

2 EL Olivenöl
1 Stange Sellerie, fein gehackt
1 Zwiebel, fein gehackt
450 g Tomaten aus der Dose
1 TL Zucker
1 TL gehackte, frische Basilikumblätter
1 TL gehackte, frische Petersilie
Salz und Pfeffer
1 TL Butter
Basilikumzweig zum Garnieren (nach Wunsch)

Das Öl in einem schweren Topf erhitzen. Sellerie und Zwiebel darin weichdünsten.

Tomaten, Zucker, Basilikum und Petersilie hinzufügen. Zudecken und 20 Minuten köcheln lassen. Den Deckel abnehmen und die Sauce weitere 10 Minuten kochen lassen. Die Sauce durch ein Sieb streichen. Kerne und Kräuter wegwerfen.

Die Sauce wieder erhitzen, salzen und pfeffern und 1 TL Butter einrühren. Nach Wunsch mit einem Basilikumzweig garnieren.

Ergibt etwa 315 ml

LAUCH-SCHINKEN-SAUCE

450 g Lauch
Salz
2 Streifen Schinkenspeck, ohne Schwarte
155 ml Joghurt
1/4 TL Cayennepfeffer
Pfeffer

Den Lauch waschen, putzen und in dünne Scheiben schneiden. In Salzwasser weichköcheln und anschließend abtropfen lassen.

Den Schinken auf einem Rost (sehr heiß) grillen. Er soll gar, aber nicht knusprig sein. (Man kann ihn auch in einem elektrischen Gerät grillen.)

Den Schinken kleinschneiden. Mit Lauch und Joghurt in einem Mixer pürieren. Mit Cayennepfeffer und Pfeffer würzen. Warm als Sauce oder kalt als Dip servieren.

Ergibt 500 ml

Hinweis: Wenn man die Sauce kalt serviert, ein paar knusprig gebratene Schinkenstückchen darauf streuen.

— SCHNITTLAUCH-KNOBLAUCH-BROT —

1 Baguette
3 Knoblauchzehen
1/4 TL Salz
125 g Butter
2 EL frischer, gehackter Schnittlauch

Das Brot diagonal in 2 cm Abständen in Scheiben schneiden. Die Scheiben aber nicht ganz durchschneiden.

Die Knoblauchzehen schälen, auf ein Blatt Pergamentpapier legen und mit Salz bestreuen. Dann mit der Messerklinge zerdrücken. Die Butter weich werden lassen und mit Knoblauch und Kräutern vermengen. Die Knoblauchbutter großzügig zwischen die Scheiben streichen.

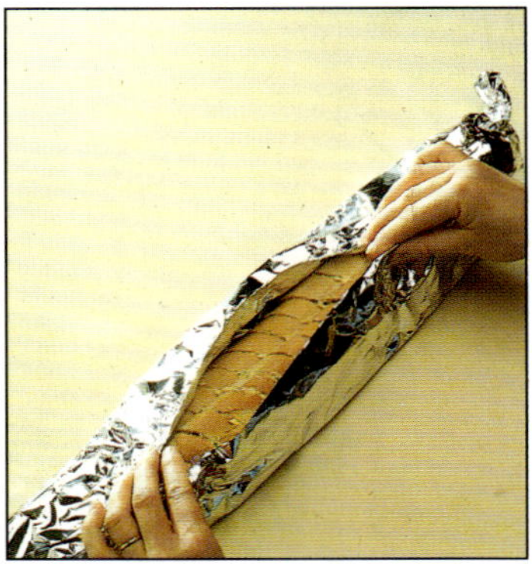

Das Baguette wieder zuklappen und fest in Alufolie wickeln. Auf den Rost legen und über heißen Kohlen 10–15 Minuten grillen. Während der Zeit mehrmals drehen. Die Folie öffnen und das Baguette sofort servieren.

Für 6 Personen

NUDEL-BOHNEN-SALAT

1 kleine, rote Paprikaschote, ohne Kerne
1 kleine, grüne Paprikaschote, ohne Kerne
60 g gekochte, grüne Bohnen
185 g Schleifchennudeln (Farfalle)
90 g gekochte Kidney-Bohnen
250 g frische Sojabohnensprossen, gewaschen, abgetropft
3 EL gehackte, frische Petersilie
Petersilienzweige zum Garnieren

DRESSING: 125 ml Olivenöl
2 EL Zitronensaft
2 TL Sojasauce
1/2 TL Salz
1/4 TL Pfeffer

Die Paprikaschoten auf dem Rost über sehr heißen Kohlen 7 Minuten grillen, bis sie schwarze Flecke bekommen. Immer wieder drehen. Die äußere Haut dünn abschälen, die Schoten längs halbieren und in dünne Streifen schneiden. Die grünen Bohnen diagonal in Stücke schneiden.

Die Nudeln in sprudelndem Salzwasser »al dente« kochen. Abtropfen lassen. Alle Salatzutaten in eine große Schüssel geben. Öl, Zitronensaft, Sojasauce, Salz und Pfeffer verrühren. Über den Salat gießen und alle Zutaten vorsichtig mischen. Mit Petersilienzweigen garnieren.

Für 6 Personen

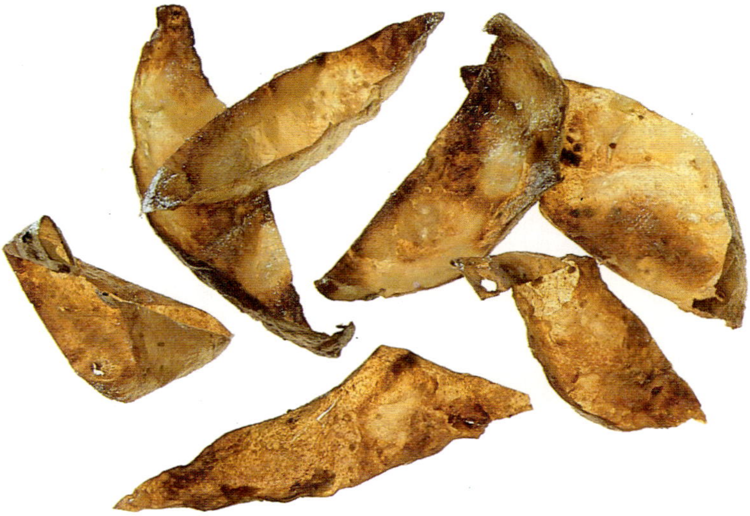

KNUSPRIGE KARTOFFELSCHALEN

4 große Kartoffeln
125 g Butter
Salz und Pfeffer

Die Kartoffeln schrubben und mit Küchenkrepp abtrocknen. Die Schale mehrmals einstechen. Die Kartoffeln in Alufolie wickeln und 45-60 Minuten in die heißen Kohlen legen. Man kann die Kartoffeln auch - ohne Folie - in den vorgeheizten Backofen legen (220°, Gas Stufe 7) und backen.

Die Kartoffeln der Länge nach halbieren. Das Innere herauslösen und für Kartoffelsalat oder Püree aufheben. Die Kartoffelschalen in 2,5 cm breite Streifen schneiden.

Die Butter schmelzen, mit Salz und Pfeffer würzen. Die Kartoffelschalen in die flüssige Butter tauchen und auf Spieße stecken. 5-7 Minuten auf dem Rost über heißen Holzkohlen grillen. Oder man verteilt die Schalen auf Backblechen und erhitzt sie 5-10 Minuten im Ofen (220°, Gas Stufe 8). Wenn die Schalen knusprig sind, servieren.

Für 5-8 Personen

BRUNNENKRESSE-SALAT

2 dicke Scheiben Kastenweißbrot, 1 cm dick
1/2 Knoblauchzehe
Pflanzenöl zum Braten
2 Bund Brunnenkresse
Ein paar Salatblätter
2 EL Mayonnaise
4 EL Vinaigrette

Das Brot (ohne Rinde) in kleine Würfel schneiden.

Eine Pfanne mit der Knoblauchzehe ausreiben und den Knoblauch wegwerfen. Das Öl 1 cm hoch in die Pfanne gießen. Das Öl erhitzen und die Brotwürfel (eventuell in zwei Portionen) darin vorsichtig goldbraun ausbacken. Das Brot aus der Pfanne nehmen und auf Küchenkrepp abtropfen lassen. Das Öl für die zweite Portion erhitzen und wie beschrieben vorgehen. Die Brotwürfel abkühlen lassen.

Die Brunnenkresse waschen und abschütteln. Grobe Stengel und verfärbte Blätter entfernen. Eine Salatschüsel mit Salatblättern auslegen. Kurz vor dem Servieren Mayonnaise und Vinaigrette mischen, die Brunnenkresse hinzufügen und in der Sauce wenden. Die Mischung auf den Salat in die Schüssel füllen. Mit den Brotwürfeln bestreuen.

Für 4-6 Personen

FENCHELSALAT

12 Radieschen
3 Fenchelknollen
2 Karotten
1 grüner Apfel
1 EL Zitronensaft
6 EL Mayonnaise

Die Radieschen putzen und an vier Seiten vertikal einschneiden. 2-3 Stunden in eiskaltes Wasser legen, damit sich die »Blüten« öffnen. Abtropfen lassen und zum Garnieren beiseite legen.

Die Fenchelknollen putzen und die feinen, farnartigen Blättchen beiseite legen. Die Knollen halbieren, sehr harte Teile wegwerfen. Fenchel in dünne Scheiben schneiden. Die Karotten schälen und in dünne Streifen schneiden. Den ungeschälten Apfel vom Kerngehäuse befreien und würfeln. Den Zitronensaft zum Gemüse geben, dann die Mayonnaise einrühren.

Die gut vermischten Zutaten in eine Salatschüssel umfüllen und mit Radieschenblüten und Fenchelblättern garnieren.

Für 4-6 Personen

Hinweis: Fenchel hat einen starken anisartigen Geschmack und paßt am besten zu Fisch.

MANDARINEN-REIS-SALAT

345 g Mandarinen aus der Dose, im eigenen Saft
185 g Langkornreis
560 ml Orangensaft (inklusive des Mandarinensaftes aus der Dose)
1 TL Butter
Salz und Pfeffer
2 eingelegte Paprika, abgetropft
1 kleine Zwiebel
125 g Zuckererbsen
60 g gekochte, geschälte Garnelen (evtl. aufgetaut)
5 EL Olivenöl
2 EL Apfelessig
Je 1 Prise Zucker und Senfpulver
Ganze gekochte Garnelen zum Garnieren

Die Mandarinen abtropfen lassen, den Saft auffangen. Den Reis in ein Sieb füllen und unter kaltem, fließendem Wasser spülen, bis das Wasser klar bleibt. Reis, Saft, Butter und 1/2 TL Salz in einen großen Topf füllen. Zum Kochen bringen, die Hitze reduzieren und zudecken. 15 Minuten köcheln lassen, bis der Saft absorbiert und der Reis weich ist. Den Reis in eine Schüssel füllen und mit der Gabel auflockern. Kalt werden lassen. Den Paprika in Streifen schneiden, die Zwiebel fein hacken.

Die Zuckererbsen putzen und diagonal in Scheiben schneiden. Die Garnelen grob hacken. Öl, Essig, Zucker, Senfpulver, 1/2 TL Pfeffer und 1/2 TL Salz in ein Schraubglas füllen und kräftig schütteln. Reis, Gemüse, die Hälfte der Mandarinensegmente, gehackte Garnelen und Dressing mischen. In eine Salatschüssel umfüllen, mit Mandarinensegmenten und Garnelen garnieren.

Für 6 Personen

MENÜ EINS

Wacholder-Lammsattel, Seite 38
Neue Kartoffeln mit Kapern, Seite 76
Zucchini mit Kräutern, Seite 84
Tropische Früchte, Seite 103

MENÜ ZWEI

Hot-Dogs mit Senfdip, Seite 42
Nudel-Bohnen-Salat, Seite 111
Mandarinen-Reis-Salat, Seite 115
Kiwis und Stangeningwer, Seite 97

MENÜ DREI

Hähnchen-Teriyaki, Seite 60
Vegetarier-Spieß, Seite 87
Schnittlauch-Knoblauch-Brot, Seite 110
Ananas in Wodka, Seite 101

MENÜ VIER

Preiselbeer-Ballotine, Seite 59
Salbei-Sahne-Kartoffeln, Seite 83
Fenchelsalat, Seite 114
Pfirsiche und Butterscotch, Seite 100

INDEX